Pour Louise

Le tricot

techniques & modèles

Luce Smits

Photographies de

Jean-Charles Vaillant

SOLAR • Collection « ARTS D'INTÉRIEURS »

SOMMAIRE

Introduction

La main réalise ce que lui dicte le cœur

Zhuang-zi

Je n'ai jamais quitté le tricot, je l'ai toujours aimé.

Depuis de longues années, j'ai la joie de partager ma passion et mon métier avec des tricoteuses expérimentées, qui sont devenues des amies. Je rencontre cependant de plus en plus de jeunes femmes qui désirent s'initier au tricot, pour retrouver sans doute, dans ces gestes séculaires, un peu d'elles-mêmes ; peut-être aussi pour s'évader un instant, entre deux cours à la fac, lors d'un déplacement, dans un moment de stress ou lors d'une pause vacances.

S'approprier un point simple et, plus tard, le décliner, en faire l'accessoire de la saison, devient une nécessité : la confiance s'est installée, et les blocages techniques disparaissent.

On progresse pas à pas, modestement au début, puis, tout à la joie de créer — tel l'architecte ou le maçon —, on voit se concrétiser un projet, une idée que l'on sera fier de porter.

S'initier au tricot signifie :

• prendre du temps, se poser autrement dans ce monde décalé, se recentrer sur un atome essentiel à son propre accomplissement ;

• cheminer, en quête de qualité, vers un ailleurs toujours actuel en s'offrant à soi-même un présent unique, né d'un geste premier, celui qui a formé le monde ;

• se placer au point de rencontre des savoir-faire les plus anciens, des techniques les plus séculaires, des cultures et des lieux les plus divers, ressentir l'envie grandissante de se démarquer d'un univers où pensée unique et uniformité ont perdu leur séduction.

L'écologie du geste renouvelé, la modestie de l'outil, l'apprentissage facile et la relation forte avec la matière incitent à une création constante, pas à pas dans un parcours initiatique où l'art domestique ancestral devient un élément de plaisir inattendu, un luxe inouï, ou encore un métier.

En se juxtaposant aux mécanisations qui tendent à le banaliser, aux gestes mécanisés, aux cadences toujours plus rapides qui nous conditionnent, le tricot reprend sa place, royale, sur le devant de la scène.

Je souhaite simplement, par ce livre, attirer les néophytes, persuader les débutants que tout à l'heure ou demain ils auront acquis, patiemment, de leurs mains, une maîtrise qu'à leur tour ils transmettront. Quant aux artistes confirmés, qu'ils considèrent cet ouvrage comme un simple outil, un compagnon du quotidien !

Luce Smits

Petit historique

Depuis les temps les plus anciens, le tricot fait partie intégrante du développement du textile : points, techniques, emploi des couleurs ont évolué au gré des cultures, au rythme des civilisations. Si nous avons perdu, au cours des siècles, la signification symbolique de certains points, de certains usages, le tricot n'en demeure pas moins un élément essentiel de notre héritage.

Dix siècles avant Jésus-Christ, les peuples nomades d'Arabie portent des chaussettes-sandales tricotées à la main, et des vêtements tricotés sont en usage dans les anciennes civilisations du Pérou. Au début de notre ère, le mot *cnytte*, qui signifie « tricoter », apparaît dans un dictionnaire d'Oxford.

Des siècles plus tard, venu d'Orient, le tricot se répand au gré des conquêtes arabes et s'installe en Europe, via l'Espagne. L'introduction de la soie, venue de Chine, fait évoluer le tricot vers des formes très sophistiquées, et le bas de soie, parti de Mantoue, en Italie, se répand dans les cours d'Europe à partir de la Renaissance. La France devient alors un pôle très actif : ses guildes de tricoteurs se spécialisent dans les bas de soie, qui s'exporteront rapidement. C'est de Chine aussi qu'arrivent les fils d'argent et d'or, bientôt suivis par les perles et les broderies, qui enrichiront les tricots.

Au XVIe siècle, la défaite de l'Armada espagnole, dont les navires s'échouent sur les côtes écossaises et anglaises, permet, par l'intermédiaire des marins capturés, la propagation de nouvelles textures de tricot en relief.

Différentes régions d'Europe se distinguent par leurs spécialités : points dentelle (France, Hollande, îles Shetland), textures à motifs en relief rebrodés (Autriche, Europe centrale), bas et gros pulls en laine rustique naturelle (Danemark, Islande), motifs torsadés (Irlande, Aran), points marins et laines huilées pour les campagnes en mer...

1850 : invention de la première machine à tricoter par l'Anglais William Lee.

1900 : industrialisation des métiers.

1980 : explosion du tricot fait main en Europe occidentale ; profusion de fils.

1990 : libéralisation des marchés amenant à une délocalisation massive de la confection des tricots vers les pays à bas salaires ; implantation dans les ateliers de grosses machines industrielles de type japonais, qui concurrencent le tricot fait main.

2000 : renouveau du tricot dans le cadre des loisirs, de la mode, de la décoration. Une nouvelle organisation du travail et des loisirs favorise la créativité, en harmonie avec le courant écologique, qui prend son essor.

1

FOURNITURES ET OUTILS

Les fils

Les fils sont, avec les aiguilles, les éléments de base de tout tricot. Leur choix est très important car il détermine les points à employer, le succès du modèle, l'allure définitive de l'ouvrage. Les fils les plus utilisés se classent d'après leur origine : animale, végétale ou synthétique.

LES FILS D'ORIGINE ANIMALE

Les fils d'origine animale sont les plus nombreux sur le marché. Le fil le plus connu, le plus ancien et le plus utilisé en tricot est la laine.

La laine

Ce fil provient de différentes races de moutons. Le label internationnal Woolmark est une garantie de qualité ; il concerne principalement la laine mérinos. On distingue plusieurs types de laines.

• La laine de pays

Elle est produite à peu près sur tous les continents, partout où vivent des moutons. Elle se travaille aussi bien en tricot qu'en tissage : pulls de berger, tapis nomades, tentes pour l'habitat... Elle se caractérise par son aspect rustique et sa grande solidité.

• La laine shetland

Originaire des îles Shetland, au nord de l'Angleterre, cette laine rustique et très solide est parfois huilée pour la réalisation des tricots portés par les marins pêcheurs ; elle peut aussi être « tweedée », le fil comportant alors des petites boules de couleur. Dans les îles Shetland, cette laine est commercialisée en petits écheveaux ; on y fabrique également de très beaux tissages, connus sous le nom de *Harris Tweed*.

Beauté naturelle des laines de pays

Subtilité des tweeds et des chinés

• La laine d'agneau

Cette laine très douce est obtenue à la première tonte des agneaux, âgés de 6 à 7 mois. Fine et élastique, elle se mélange bien avec les fils luxueux, tels le cachemire, l'angora ou le poil de chameau.

• La laine mérinos

Fine, douce et très élastique, elle provient du mouton mérinos, élevé en grand nombre en Australie et en Nouvelle-Zélande. Sa finesse est définie en « microns » ; elle porte le label Woolmark, et est la garantie d'un tricot raffiné.

Le mohair et le kid mohair

Tous deux proviennent de chèvres angoras originaires du Pakistan. On obtient, avec leur poil très long et frisé, un tricot doux, chaud et léger. Les jeunes chèvres, elles, fournissent le kid mohair.

Mohair et kid mohair doivent être tricotés souplement, avec une maille ouverte. Pour obtenir un effet plus gonflant, il existe des petites brosses à mohair qui permettent de peigner le poil.

L'angora

Il est obtenu par épilation du lapin angora. Les fils sont fins, légers et très absorbants ; à cause de leur fragilité, ils sont le plus souvent mélangés à de la laine d'agneau. Les vêtements et les accessoires réalisés en angora ont un toucher unique, grâce à la douceur extrême de la matière. Le lapin angora peut être épilé (en partie) plusieurs fois par an.

Le cachemire

Il nous vient d'Asie. Dans l'Himalaya vivent des chèvres qui possèdent une toison des plus douces et des plus soyeuses ; on recueille les poils par peignage, une fois par an, et chaque animal n'en fournit que 100 grammes !

Douceur des angoras et des mohairs

Étant donné la rareté et la valeur marchande du fil, on recueille aussi soigneusement les touffes de poils accrochées aux arbustes épineux, aux branches d'arbre et aux grillages sur lesquels les chèvres se sont frottées.

Enfin (et toujours compte tenu de son prix), le fil cachemire est souvent mélangé avec de la laine d'agneau, de la laine mérinos ou de la soie.

Le poil de chameau

Il s'emploie tel quel, non teint. On le mélange le plus souvent à de la laine mérinos, ce qui permet alors de varier les coloris. Brillant et solide, il est actuellement plutôt utilisé pour la fabrication de tissus de luxe.

L'alpaga

Son nom est tiré de l'animal de la famille des chameaux vivant dans les hauts plateaux des Andes, vers 5 000 mètres d'altitude. Ce fil, aux propriétés thermales uniques, est très résistant et d'une grande beauté. On l'utilise sans le teindre, car il présente une palette de couleurs naturelles étendue.

La soie

Elle amena à la création, aux premiers siècles de notre ère, de la plus longue route commerciale du monde, la Route de la Soie, qui s'étirait de Chine jusqu'à Rome. La soie naturelle provient du ver à soie (bombyx), qui se nourrit de feuilles de mûrier blanc. Aujourd'hui, elle est principalement produite en Chine et en Inde même si, en France

REMARQUE

Les vers doivent manger 45 kilos de feuilles pour produire, durant leur période de métamorphose, à peu près 7 kilos de cocon, dont on tirera moins de 500 grammes de soie. Le travail de déroulage des cocons, pour les convertir en fil cru, se fait à la main.

Rusticité de la soie sauvage

Chatoiement des soies teintées

(notamment dans les Cévennes, où l'on a longtemps cultivé le ver à soie), il subsiste encore quelques sériciculteurs qui fournissent les artisans. Le fil obtenu est d'aspect brillant et possède, entre autres, une grande capacité isolante : porté en hiver, un vêtement de soie est chaud ; en été, il devient frais. La très grande solidité de la soie lui confère de multiples emplois. La maille se détendant facilement, le fil doit être tricoté serré.

LES FILS D'ORIGINE VÉGÉTALE

Parmi les fils les plus connus dans cette famille, on distingue le coton, le lin, le chanvre, le jute, le raphia et le ramie. Les fibres les plus utilisées en tricot sont le coton, connu depuis l'Antiquité, et le lin. Ces fils peuvent être mélangés à de la viscose (cellulose pure, traitée chimiquement), à de la laine et/ou à des fibres synthétiques.

Le coton

Cette fibre végétale fort connue est l'un des plus anciens fils employés en tricot et en tissage. À l'origine, le coton est une plante qui pousse dans les régions tropicales et subtropicales. Il possède une très grande capacité d'absorption de l'humidité, et est très solide. Les États-Unis, un des principaux producteurs mondiaux, commercialisent aujourd'hui un coton déjà teint « génétiquement », produit également en culture biologique.

L'aspect du coton peut être brillant (mercerisé) ou mat. Il convient parfaitement pour le tricot d'été, et ne provoque aucune allergie. Il peut être mélangé au lin, à la laine, à la viscose ou au modal.

Force et fantaisie dans la gamme des cotons

Sophistication des fils de lin

Le lin

Fil noble provenant de la tige de la plante du même nom, le lin est connu depuis près de cinq mille ans, et employé en Occident depuis le Moyen Âge.

Le lin cultivé aujourd'hui dans l'Union européenne

(Belgique, Italie, Irlande, France, Autriche, Espagne, Portugal) porte le label Maîtres du Lin, qui est le signe de qualité supérieure. Son aspect est luisant, il est sec au touché. Il se tricote tel quel, ou mélangé avec du coton, de la viscose ou de la soie ; dans ce dernier cas, il se nomme alors « linochic ».

Ramie, chanvre, raphia, jute

Également d'origine végétale, ces fils sont le plus souvent réservés au tissage.

LES FILS D'ORIGINE SYNTHÉTIQUE

Les fils synthétiques, que l'on mélange souvent aux fibres naturelles pour rendre celles-ci moins onéreuses et plus facilement lavables en machine, sont multiples. Ils sont issus le plus souvent des dérivés du pétrole, et leur traitement chimique permet d'obtenir une large gamme de fils fantaisie, aussi bien pour le tricot que pour le tissage.

On peut citer les fils acryliques, les polyamides, les polyesters, les lamés, les métallisés et les lurex, très employés dans la mode actuelle. Tous ces fils, comme les fils naturels, peuvent être flammés, méchés, bouclés, frisés, pour donner des effets fantaisie multiples. Le fil chenille, par exemple, présente un effet et un toucher velours.

Les Japonais commercialisent depuis peu des fils à base de papier, qui ont la possibilité d'être rubanés et travaillés en textures serrées. Des recherches portent à l'heure actuelle sur des tissus à base de washi et de kumazasa (du nom de deux régions), plantes dont l'une possède la propriété de filtrer les rayons ultraviolets.

Douceur des chenilles velours, piment des confettis multicolores

Rubans et serpentines en mat et en brillant

Les outils

Les aiguilles constituent les outils les plus simples et les plus modestes qui soient : maniabilité, faible encombrement, transport aisé et petit prix. Quoi de plus pratique ? D'autres accessoires les accompagnent afin de faciliter la progression du tricot durant les différentes étapes de sa réalisation.

LES AIGUILLES

Les aiguilles varient en termes de modèles, de matières et de tailles.

Les aiguilles classiques à une pointe

Le plus souvent en métal, elles se terminent d'un côté par une extrémité pointue et de l'autre par un arrêt en forme de boule ou de rondelle, qui évite que les mailles ne tombent en cours de travail et sur lequel est indiqué le numéro ou la grosseur de l'aiguille. Ces aiguilles sont employées par deux, et leur longueur varie : les plus utilisées sont celles mesurant entre 30 et 40 centimètres.

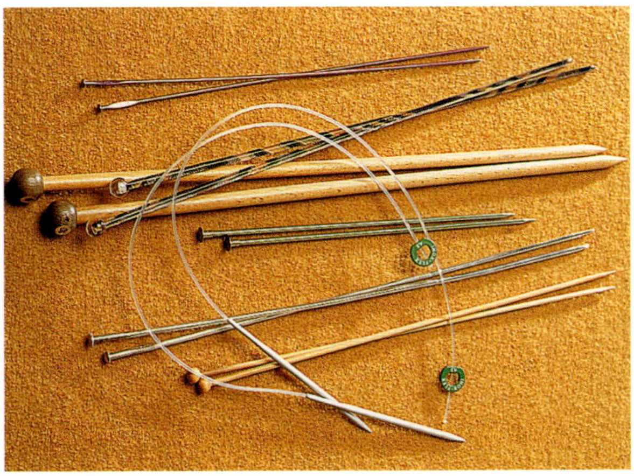

Les aiguilles à une pointe

Les aiguilles classiques existent en matière plastique, en bois, en verre et même en bambou, ce qui les rend extrêmement légères et lisses.

Les aiguilles classiques à deux pointes

Souvent nommées « aiguilles à chaussettes », elles existent elles aussi en différentes longueurs et matières. Elles se vendent par jeux de quatre ou de cinq. On répartit équitablement les mailles sur trois ou quatre aiguilles, et on emploie la quatrième ou la cinquième pour tricoter. Ce système permet de tricoter des petites pièces circulaires, telles que gants, chaussettes ou jambières.

Les aiguilles circulaires

Venues plus récemment sur le marché, elles remplacent assez souvent les aiguilles classiques. Elles se composent de deux pointes rigides reliées par un câble flexible, et existent en plusieurs tailles et

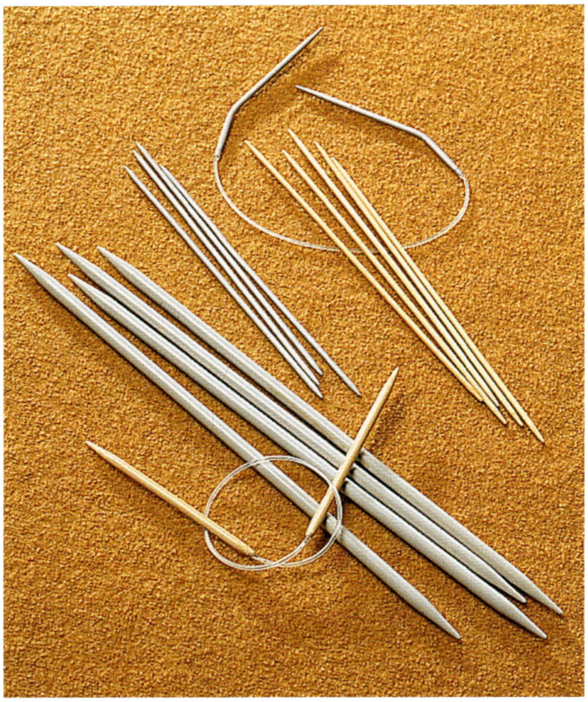

Les aiguilles à deux pointes

longueurs. Elles permettent d'installer un grand nombre de mailles et d'obtenir des largeurs de tricot plus conséquentes.

Tricoter en rond présente l'avantage d'avoir toujours l'endroit du tricot devant soi, ce qui permet une interprétation plus facile des différentes grilles de travail. Les aiguilles circulaires conviennent particulièrement pour les points compliqués : jacquard, points irlandais, points en relief ou ajourés. De plus, on évite ainsi l'assemblage des coutures de côté, opération fastidieuse lorsqu'il s'agit de points fantaisie ou de jacquards compliqués.

Les aiguilles flexibles à une pointe

Elles s'emploient par deux, et se composent d'une pointe rigide prolongée par un câble d'une soixantaine de centimètres se terminant par une rondelle portant le numéro de l'aiguille. Ces aiguilles, qui nous viennent des pays du Nord et d'Europe centrale, permettent de monter un maximum de mailles de tricot.

LES ACCESSOIRES

Plusieurs accessoires facilitent la réalisation du tricot. Ils permettent, entre autres, de réaliser des torsades, de garder les mailles pour les reprendre lors des finitions, de conditionner les fils pour les jacquards, de contrôler les mesures ou encore de prendre des notes.

Les aiguilles auxiliaires

Ce sont des petites aiguilles courtes avec un coude en leur milieu, ou des aiguilles à deux pointes dont l'une est recourbée. Elles servent à mettre les

Les aiguilles auxilliaires

mailles en attente lors de la formation de torsade, de point à relief, etc.

Jauges à aiguilles et épingles auxiliaires

Les jauges à aiguilles permettent de mesurer le calibre des aiguilles lorsque leur numérotation a disparu, qu'elle s'est effacée. Également pratiques, les épingles auxiliaires (ou arrêts de mailles) se présentent sous la forme de grandes épingles à nourrice ou d'épingles à kilt. Elles servent à laisser des mailles en attente lors de la réalisation des poches, de l'encolure ou des finitions d'épaule.

Ciseaux, mètre et épingles

Sont également indispensables les ciseaux, le mètre ruban, les épingles de modiste (plus longues et plus grosses que les épingles de couture), pour

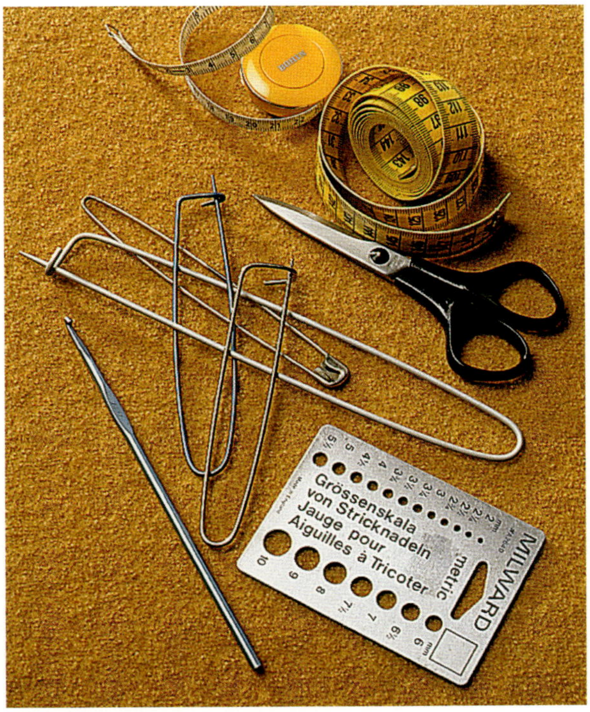

Ciseaux, jauge, mètre et épingles

Petits accessoires

faciliter le montage, et l'aiguille à tapisserie avec gros chas et pointe arrondie, pour ne pas dédoubler les mailles lors des assemblages, pour rentrer les fils à la lisière ou pour broder les motifs.

Petits accessoires divers

On peut ajouter aussi des protège-pointes, des sardines, des compte-rangs, un crochet (pour rattraper une maille perdue ou pour monter des coutures) et un dévidoir ou un tourniquet extensible pour dévider les écheveaux et mettre le fil en pelotes.

Un carnet de notes est nécessaire pour inscrire les difficultés rencontrées et résolues, le détail des calculs des échantillons, l'interprétation personnelle des modèles réalisés. Il deviendra une référence indispensable pour les ouvrages futurs. C'est un véritable compagnon de voyage.

2

LES TECHNIQUES DE BASE

2. Le montage

Les termes techniques du tricot sont très précis, mais leur usage devient vite familier ; les gestes essentiels se répètent sans cesse et deviennent ainsi quasi automatiques. Bien maîtriser ces techniques, c'est également pouvoir offrir, aux autres ou à soi-même, d'infinis plaisirs par la création de modèles personnalisés, des plus simples aux plus sophistiqués.

COMMENT TENIR LES AIGUILLES CLASSIQUES

D'une manière générale, les aiguilles courtes se tiennent chacune dans une main, la droite se tenant comme un crayon ; quant aux aiguilles longues, la droite peut se glisser sous le bras droit.

COMMENT TENIR LE FIL ENTRE LES DOIGTS

Le fil doit être maintenu sans crispation dans la main et passer entre les doigts pour se positionner sur l'aiguille. De cette tension plus ou moins accentuée dépend la régularité du tricot ; la tension déterminera, d'après le fil employé, la grosseur des aiguilles (les mentions portées sur les pelotes et les explications des modèles devant être, autant que possible, respectées), d'où la nécessité de faire, avant de commencer l'ouvrage, un échantillon qui constituera un contrôle précis.

LE NŒUD DE DÉPART

Le montage commence par l'exécution sur l'aiguille d'un nœud coulant, ou nœud de départ, qui devient la première maille. Ce nœud coulant est la base de toute méthode de montage.

1 et 2. Tenez fermement l'extrémité du fil de montage dans les trois derniers doigts de la main gauche, puis tournez la main gauche et passez le fil sur le pouce et l'index, écartés de 1 à 2 cm. Tenez le fil de la pelote et l'aiguille dans la main droite.

3. Continuez de tourner la main gauche pour que le fil de montage croise sous l'index le fil de la pelote.

4. Piquez la pointe de l'aiguille dans cette boucle en passant sous le fil de la pelote, puis soulevez le fil et pliez l'index pour le maintenir.

5. Passez le fil de la pelote autour de la pointe de l'aiguille, de l'arrière vers l'avant.

6 et 7. Passez la pointe de l'aiguille dans la boucle de l'index pour la ramener devant le travail et tirez-la vers le haut pour bien dégager la maille.

8. Lâchez la boucle de l'index et tirez sur le fil pour resserrer le nœud ainsi formé sur l'aiguille droite : on obtient la première maille du rang de montage.

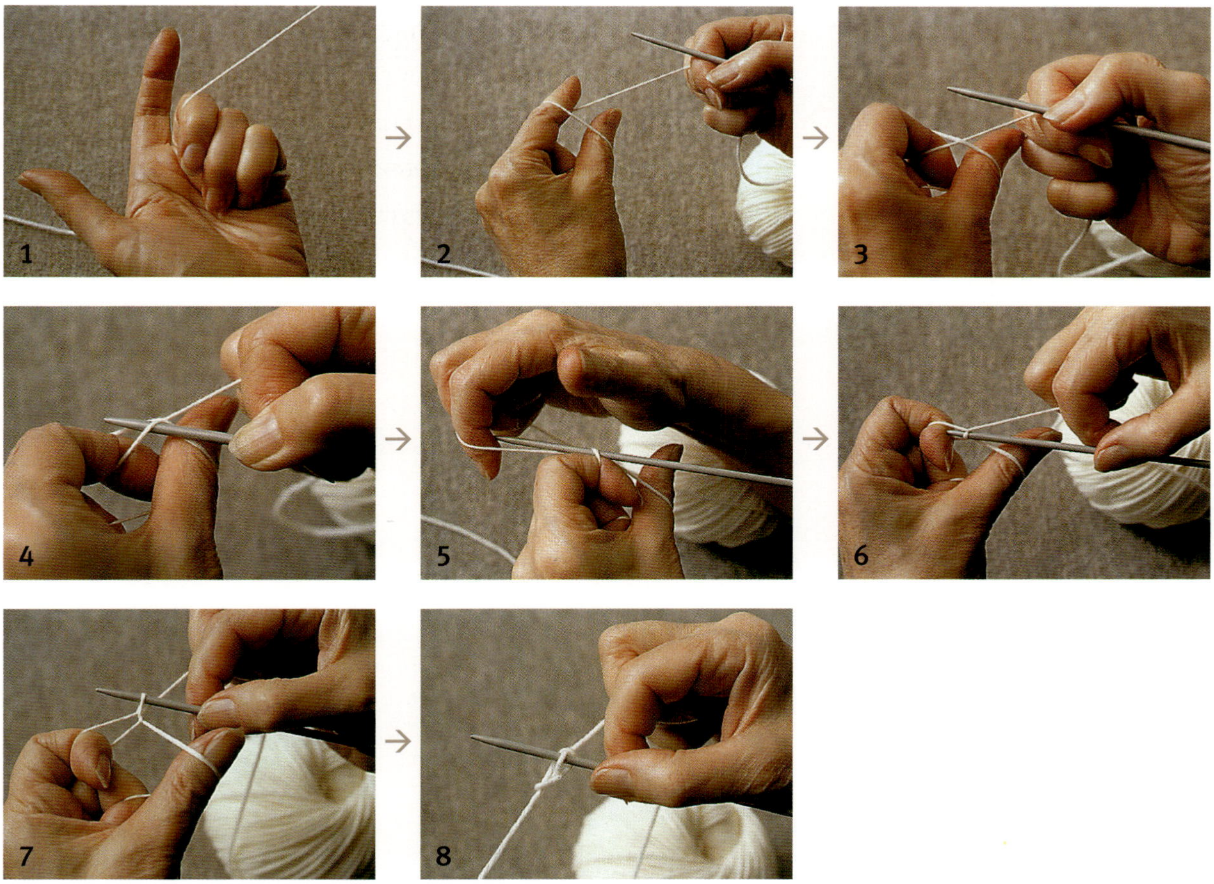

LE MONTAGE SIMPLE AVEC UNE AIGUILLE

Le rang de montage constitue la base du tricot. Il est très important de le réaliser avec soin car il déterminera la qualité de l'ouvrage, quels que soient les points employés.

Le montage simple est réalisé avec une seule aiguille, la première maille (formée comme indiqué précédemment) installée sur l'aiguille droite.

1. Le fil venant de la pelote servant à monter les mailles est tenu de la main gauche, et son extrémité (de 7 à 10 cm) dans la main droite.

2 et 3. Formez une nouvelle boucle en tendant le fil de la pelote entre le pouce et l'index gauche, puis tournez la main gauche pour croiser les deux fils.

4. Piquez la pointe de l'aiguille droite dans cette nouvelle boucle en la faisant passer sous le fil venant de l'aiguille, et laissez-la tomber de l'index.

5. Tirez le fil de la pelote pour resserrer cette nouvelle maille.
Formez les mailles suivantes de la même façon.

REMARQUE
Le montage simple, assez facile à réaliser, convient aux points ajourés et au départ des ourlets en raison de sa souplesse. Il est toutefois difficile d'obtenir un bord régulier.

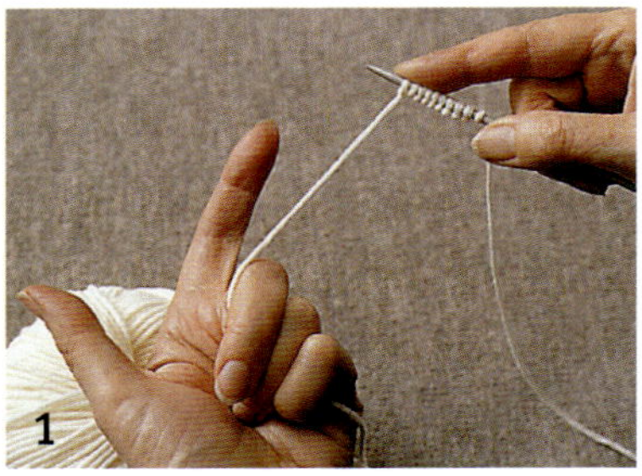

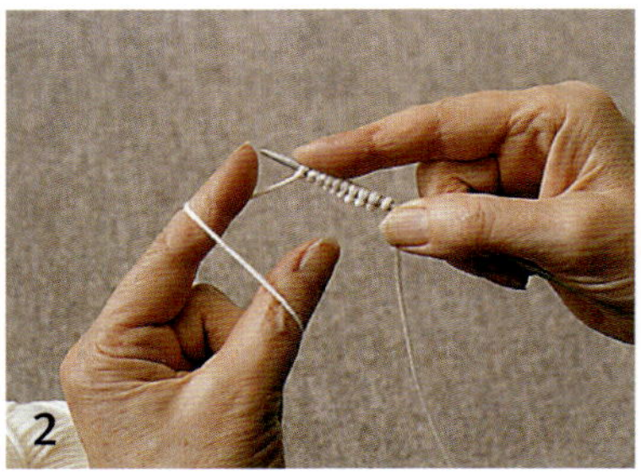

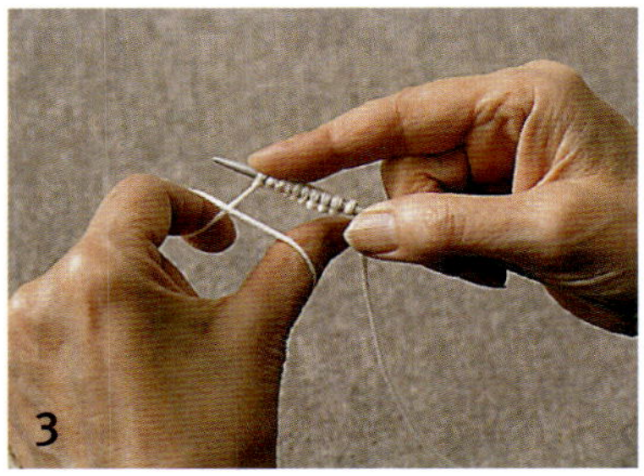

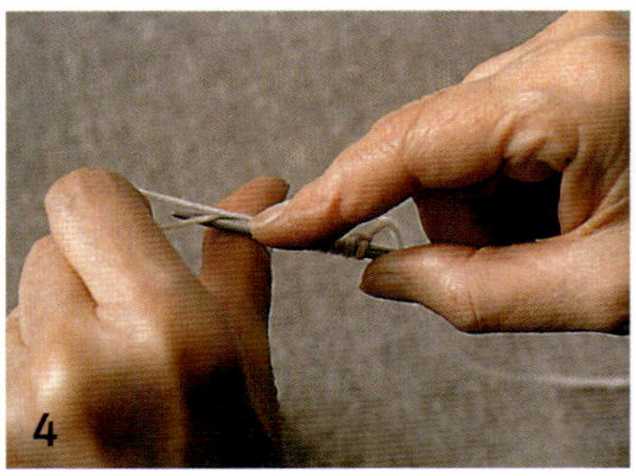

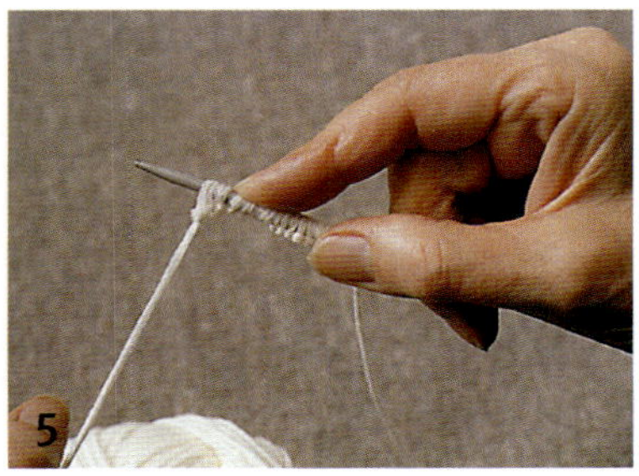

LE MONTAGE AVEC DEUX AIGUILLES

Le montage avec deux aiguilles commence, comme pour le montage simple, par un nœud coulant. Il est intéressant lorsque le nombre de mailles à monter est très élevé.

1. Tenez l'aiguille avec la première maille dans la main gauche, et la deuxième aiguille avec le fil de la pelote dans la main droite.
2. Piquez la pointe de la deuxième aiguille dans cette première maille et passez le fil de la pelote de l'arrière vers l'avant, par-dessus l'aiguille de la main droite.
3. Passez ensuite la pointe de l'aiguille droite à travers cette maille pour ramener le fil vers l'avant et former une nouvelle maille.
4. Glissez cette nouvelle maille de l'aiguille droite sur l'aiguille gauche en piquant par-devant la pointe de l'aiguille gauche dans cette maille.
5. Ôtez l'aiguille droite, puis tirez le fil de la pelote pour resserrer la maille nouvellement installée.
Formez les mailles suivantes de la même façon.

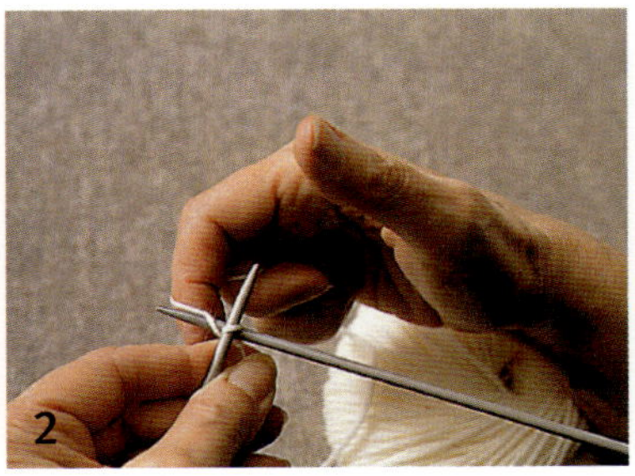

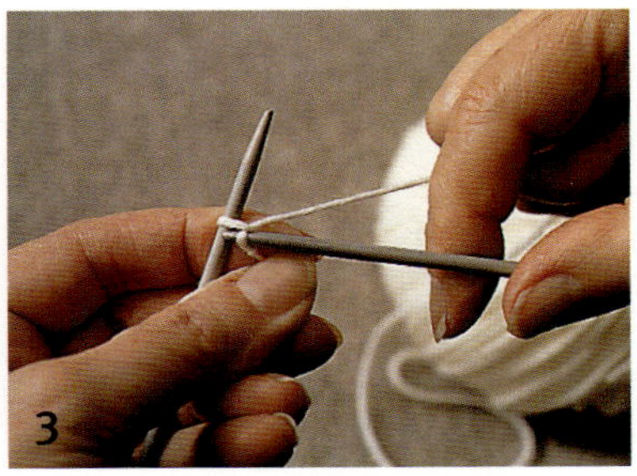

REMARQUE

La base du tricot doit être régulière : si le rang de montage est trop lâche, le tricot se déformera ; s'il est trop serré, le premier rang sera plus difficile à tricoter et fera onduler les mailles des rangs suivants.

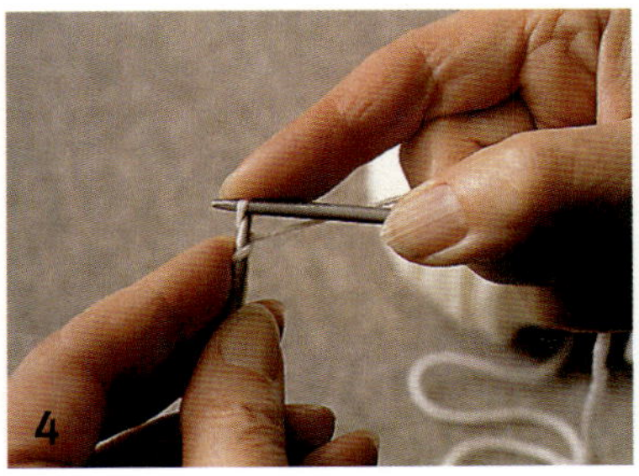

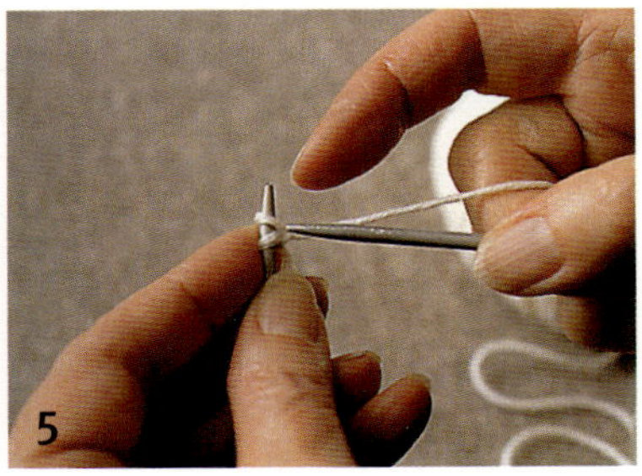

LE MONTAGE À L'ITALIENNE SUR UNE AIGUILLE

Appelé « montage à l'italienne », ce montage s'effectue avec une seule aiguille, tenue de la main droite ; il nécessite une longueur de fil représentant de trois à quatre fois la largeur souhaitée du tricot. Par exemple, si le dos à tricoter doit être large de 50 cm, le fil de montage aura une longueur de 1,5 à 2 m.

Une fois mesurée la bonne longueur de fil, maintenez ce dernier dans trois doigts de la main gauche, et prenez le fil de la pelote et l'aiguille dans la main droite.

Montez la première maille sur l'aiguille droite comme précédemment.

1 et 2. Tendez le fil entre le pouce et l'index gauche, et faites pivoter la main gauche pour croiser le fil de montage et celui de la pelote.

3. Piquez la pointe de l'aiguille dans la boucle ainsi formée, en passant sous le fil de la pelote.

4. Passez le fil de la pelote autour de l'aiguille, de l'arrière vers l'avant et par-dessus celle-ci.

5 à 7. Passez ensuite la pointe de l'aiguille dans la boucle pour ramener le fil devant le travail. Lâchez la boucle de l'index et tirez le fil pour resserrer la nouvelle maille.

1

2

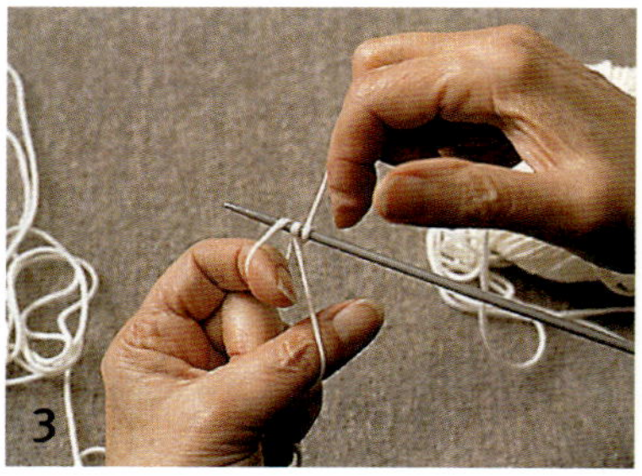

3

4

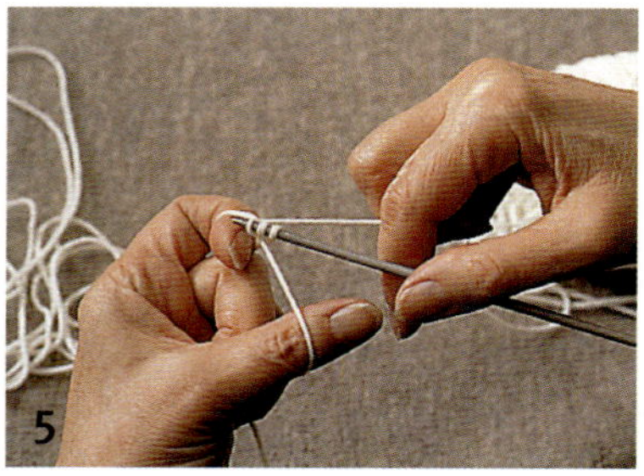

5

6

7

LA MAILLE ENDROIT

La maille endroit forme un petit cœur ou un V sur l'endroit du tricot, dans le sens vertical. Elle se compose d'un brin avant et d'un brin arrière. Elle est plate et lisse.

1 à 3. Tenez l'aiguille avec les mailles dans la main gauche. Prenez la deuxième aiguille dans la main droite. Enroulez le fil de la pelote, tenu par la main droite, autour du petit doigt, puis faites-le passer sous les deux doigts suivants et tendez-le sur l'index.

4. Piquez l'aiguille droite, de l'avant vers l'arrière, dans la première maille de l'aiguille gauche.

5 et 6. Passez le fil de la pelote de l'arrière vers l'avant autour de l'aiguille droite, puis passez la pointe de l'aiguille dans la maille pour la ramener sur le devant du travail.

7. Laissez tomber la maille de l'aiguille gauche.

Les mailles passent ainsi toutes de l'aiguille gauche sur l'aiguille droite, tout le long du même rang.

LA MAILLE ENVERS

La maille envers est tout simplement l'envers de la maille endroit. Elle forme une petite boucle à la surface du tricot, comme un demi-cercle horizontal. Contrairement à la maille endroit, elle présente un relief.

1. Tenez l'aiguille avec les mailles dans la main gauche. Prenez la deuxième aiguille dans la main droite. Enroulez le fil de la pelote, tenu par la main droite, autour du petit doigt, puis faites-le passer entre les deux doigts suivants et tendez-le sur l'index droit. Passez le fil sur le devant du travail.

2. Piquez l'aiguille droite, de l'arrière vers l'avant, dans la première maille de l'aiguille gauche.

3. Passez le fil de la pelote autour de l'aiguille droite de haut en bas.

4. Faites ensuite passer la pointe de l'aiguille à travers la maille vers l'arrière du travail.

5. Laissez tomber la maille de l'aiguille gauche.

Les mailles passent ainsi toutes de l'aiguille gauche à l'aiguille droite.

CONSEIL

D'une manière générale, plus on travaille près de la pointe des aiguilles, plus on travaille rapidement. L'aiguille droite peut être soit tenue dans la main droite, soit installée sous le bras droit.

Le mot « lisière » s'emploie pour désigner les deux bords extérieurs du tricot, c'est-à-dire les premières et les dernières mailles de chaque rang. La lisière est le plus souvent composée d'une maille, mais elle peut aussi être tricotée sur deux mailles.
L'aspect des lisières témoigne de la qualité du tricot. Elles peuvent avoir un aspect décoratif ou fonctionnel, et faciliteront si elles sont régulières l'assemblage des différentes pièces du tricot.
Les lisières les plus utilisées sont la lisière chaînette, la lisière couture, la lisière perlée simple, la lisière perlée double et la lisière pour le point mousse.

LA LISIÈRE CHAÎNETTE

Cette lisière forme une chaînette aux deux bords du tricot ; chaque maillon représente deux rangs. Elle s'utilise chaque fois qu'il faut relever les mailles du bord et tricoter par la suite dans un autre sens.
Sur l'endroit du tricot, faites glisser à l'endroit la première maille de l'aiguille gauche sur l'aiguille droite sans la tricoter, et tricotez à l'endroit la dernière maille du rang endroit.
Sur l'envers, faites glisser à l'envers la première maille de l'aiguille gauche sur l'aiguille droite sans la tricoter, et tricotez à l'envers la dernière maille du rang envers.

LA LISIÈRE DE COUTURE

Cette lisière est idéale pour les débutants car c'est la plus simple à réaliser. Elle convient parfaitement à l'assemblage simple des coutures. On tricote à l'endroit la première et la dernière maille du rang endroit, et on tricote à l'envers la première et la dernière maille du rang envers.

LA LISIÈRE PERLÉE SIMPLE

Elle se crée en glissant toujours la première maille à l'endroit sans la tricoter et en tricotant toujours la deuxième maille à l'endroit, et ce sur tous les rangs, aussi bien sur le rang endroit que sur le rang envers. Cette lisière est souvent employée pour border un point jersey.

LA LISIÈRE PERLÉE DOUBLE

Cette lisière se forme en tricotant à l'endroit la première et la dernière maille de chaque rang. On l'emploie pour éviter l'enroulement du jersey. Elle présente des bords bien nets.

LA LISIÈRE POUR LE POINT MOUSSE

Cette lisière constitue une petite chaînette : on glisse sans la tricoter la première maille de chaque rang à l'envers en plaçant le fil devant le rang à tricoter ; ensuite, on passe le fil derrière sous l'aiguille droite et on tricote toutes les mailles suivantes à l'endroit.

LES AUGMENTATIONS SIMPLES

Les augmentations permettent de modifier la forme d'un tricot, de l'élargir, d'obtenir un effet blousant, de réaliser des points fantaisie en ajoutant des mailles. Les augmentations simples les plus utilisées sont l'augmentation barrée simple, l'augmentation intercalaire simple, l'augmentation perlée simple et l'augmentation à jours simple par un jeté.

AUGMENTATION BARRÉE SIMPLE

1. Sur le rang endroit, prévoyez l'augmentation à trois mailles du bord en début de rang, et à quatre mailles avant la fin du rang.
2. Tricotez les trois premières mailles à l'endroit, sans laisser tomber la troisième de l'aiguille gauche, puis tricotez une deuxième fois cette maille en la prenant par-derrière.
Laissez tomber la maille de l'aiguille gauche.
3 et 4. Le croisement du fil forme alors une petite base horizontale. En fin de rang, quand il reste quatre mailles, tricotez la première d'entre elles une fois à l'endroit sans la laisser tomber, et une seconde fois à l'endroit en la prenant par-derrière. Tricotez les trois mailles restantes.

CONSEIL
Il est préférable de commencer les augmentations simples à quelques mailles du bord plutôt qu'à la lisière, car cela permet de ne pas distendre le bord, de trouver des repères pour l'assemblage des côtés et d'obtenir des effets décoratifs apparents.

AUGMENTATION INTERCALAIRE SIMPLE

1. Sur le rang endroit, tricotez les trois premières mailles du rang à l'endroit, puis soulevez avec l'aiguille droite le brin horizontal qui se situe entre la troisième et la quatrième maille.

2. Placez-le sur l'aiguille gauche en piquant celle-ci sous le brin, de l'avant vers l'arrière. Laissez-le tomber de l'aiguille droite.

3. Tricotez une maille dans cette boucle en piquant l'aiguille dans le brin arrière.

4. Vous obtenez une maille dont les deux brins sont croisés.

Effectuez la même opération en fin de rang, avant la troisième maille de la fin, pour obtenir une symétrie.

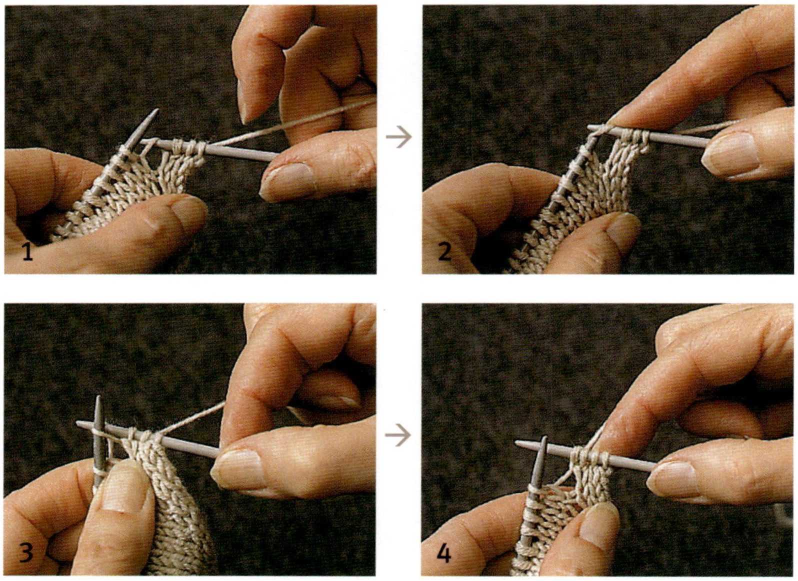

REMARQUE

L'augmentation intercalaire simple est assez anodine : elle s'emploie facilement pour tout type de tricot et tout type de fil. Elle souligne uniquement le mouvement formé pour l'augmentation sans l'accentuer.

AUGMENTATION PERLÉE SIMPLE

1. Sur le rang endroit, tricotez les deux premières mailles à l'endroit.

2. Tricotez la maille suivante à l'endroit sans la laisser tomber de l'aiguille gauche.

3 et 4. Passez le fil devant le travail, puis tricotez à l'envers cette même maille et laissez-la tomber de l'aiguille gauche.

5. Replacez le fil derrière et continuez le rang à l'endroit.

En fin de rang endroit, tricotez à l'envers la troisième maille avant la fin, sans la laisser tomber de l'aiguille gauche, et tricotez-la de nouveau à l'endroit pour la symétrie. Tricotez les deux mailles restantes à l'endroit.

Des petits trous se forment à chaque augmentation.

AUGMENTATION À JOURS SIMPLE PAR UN JETÉ

Cette augmentation se fait sur le rang endroit par un jeté qui forme une maille supplémentaire ; cette dernière sera tricotée normalement au rang suivant.

1. Tricotez à l'endroit les trois premières mailles du rang. Enroulez le fil de la pelote autour de l'aiguille, de l'avant vers l'arrière, et continuez le rang à l'endroit.
2 et 3. Sur l'envers, tricotez le jeté à l'envers en piquant l'aiguille dans le brin arrière ; on obtient un jour sur l'endroit.
Enroulez de la même façon le fil avant la troisième maille de la fin du rang. Tricotez les trois mailles restantes à l'endroit pour obtenir une symétrie.

REMARQUE
L'augmentation à jours simple par un jeté s'emploie souvent dans la maille layette.

1

→

2

3

LES AUGMENTATIONS DOUBLES

Les augmentations doubles les plus utilisées sont l'augmentation barrée double, l'augmentation intercalaire double et l'augmentation à jours double par un jeté. Elles se font comme les augmentations simples, mais à des endroits spécifiques. L'augmentation double est séparée par une maille médiane, qui se définit comme l'axe de cette augmentation.

AUGMENTATION BARRÉE DOUBLE

1 et 2. Sur le rang endroit, la première augmentation se fait comme l'augmentation barrée simple. Tricotez à l'endroit la maille qui précède la maille médiane, sans la laisser tomber.

3. Tricotez-la ensuite une seconde fois à l'endroit, en la prenant par-derrière.

4. Laissez tomber la maille de l'aiguille gauche.

5. Répétez cette opération dans la maille médiane.

6. Une petite barre se forme de part et d'autre de cette maille.

Tricotez le rang suivant à l'envers normalement. Les augmentations suivantes se font toujours dans la maille qui précède la maille médiane et dans cette dernière.

→

→

→

→

AUGMENTATION INTERCALAIRE DOUBLE

1 et 2. Sur le rang endroit, soulevez avec l'aiguille droite le fil horizontal qui précède la maille médiane ; placez ce fil sur l'aiguille gauche.

3 et 4. Tricotez une maille en piquant l'aiguille dans le brin arrière de ce fil, puis tricotez la maille médiane normalement à l'endroit.

5. Répétez cette opération en soulevant le fil horizontal qui se trouve après la maille médiane, placez ce fil sur l'aiguille gauche et tricotez une maille dans le brin arrière de cette nouvelle maille.

AUGMENTATION À JOURS DOUBLE PAR UN JETÉ

1 à 3. Sur le rang endroit, lancez un jeté avant de tricoter la maille médiane ; tricotez celle-ci à l'endroit, puis relancez un jeté et continuez à l'endroit jusqu'à la fin du rang.

Sur le rang envers, tricotez toutes les mailles à l'envers y compris les jetés, en piquant l'aiguille dans le brin arrière de ces derniers.

REMARQUE

Les augmentations à jours doubles par un jeté forment souvent l'une des bases pour les points ajourés, ou points de dentelle. Elles s'accompagnent en parallèle de diminutions doubles et permettent ainsi de rétablir l'équilibre du point en retrouvant le nombre de mailles montées au départ.

LES DIMINUTIONS SIMPLES

Les diminutions permettent de rétrécir la forme d'un tricot, de le modifier aux endroits souhaités en supprimant des mailles et d'obtenir des points ajourés, complexes, tout en supprimant ou en ajoutant des mailles. Elles s'effectuent sur le rang endroit, en début et en fin de rang, le rang suivant étant tricoté normalement à l'envers : on parle alors de diminutions faites tous les deux rangs. Pour obtenir des effets symétriques sur le même rang, elles sont inclinées à gauche et à droite.

DIMINUTION SUR L'ENDROIT, INCLINÉE À GAUCHE

1. Sur l'endroit du travail, au bord ou à quelques mailles du bord (effet fantaisie, effet structuré), glissez une maille sur l'aiguille droite. Tricotez la maille suivante à l'endroit.

2 et 3. À l'aide de l'aiguille gauche, rabattez la maille glissée sur la maille tricotée.

4. Cette diminution se trouve donc inclinée à gauche. Il s'agit d'un surjet simple. Le rang suivant se tricote normalement à l'envers.

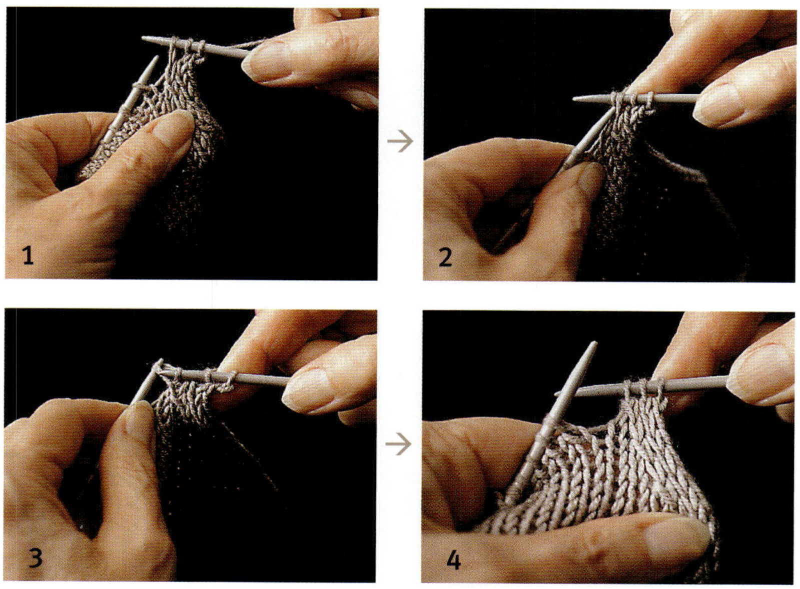

DIMINUTION SUR L'ENDROIT, INCLINÉE À DROITE

1. Sur l'endroit du travail, tricotez les mailles à l'endroit jusqu'à la fin du rang, ou arrêtez à quelques mailles de la fin (en vis-à-vis de la diminution du début du rang).

2 et 3. Prenez deux mailles ensemble en piquant l'aiguille droite d'abord dans la deuxième maille puis dans la première, et tricotez-les ensemble à l'endroit.

4. Cette diminution se trouve donc inclinée à droite. Elle assure la symétrie avec le surjet simple. Le rang suivant se tricote à l'envers.

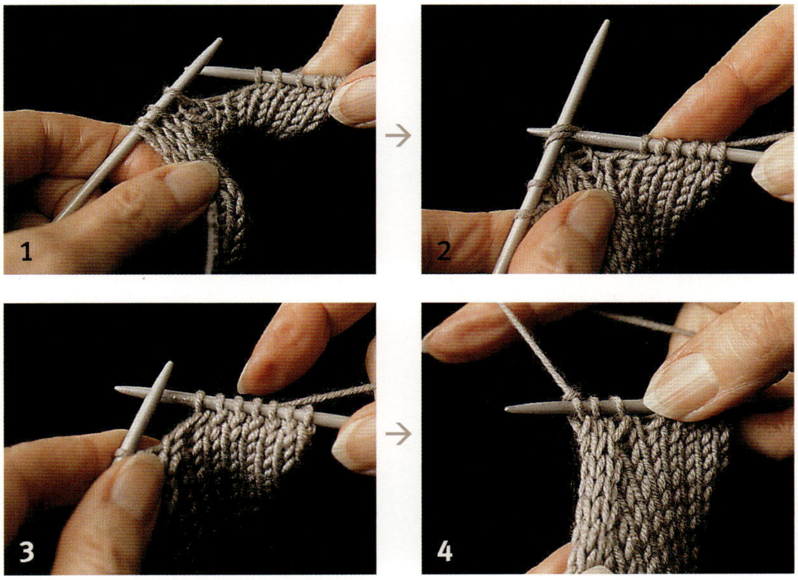

IMPORTANT

Pour l'esthétique du tricot, il est important de retrouver la symétrie des diminutions inclinées à gauche et à droite en début et en fin de rang.

DIMINUTION SUR L'ENVERS, INCLINÉE À DROITE

1 et 2. Sur l'envers, la diminution qui sera inclinée à droite sur l'endroit du travail s'exécute en tricotant deux mailles ensemble à l'envers, en piquant l'aiguille droite dans la première puis dans la seconde maille.

DIMINUTION SUR L'ENVERS, INCLINÉE À GAUCHE

1 et 3. Cette diminution sera inclinée à gauche sur l'endroit du travail. Avec l'aiguille gauche, reprenez la dernière maille tricotée de l'aiguille droite ; rabattez la maille suivante de l'aiguille gauche sur cette maille, et remettez la maille restante sur l'aiguille droite.

Les rangs suivants se tricotent normalement à l'endroit.

LES DIMINUTIONS DOUBLES

Une diminution double supprime deux mailles à la fois. Elle s'effectue, entre autres, pour former la pointe d'une encolure. Dans des points ajourés et chaque fois que l'on veut obtenir un effet décoratif, le choix de la double diminution s'impose. Elle contribue à la beauté du point ou de la finition.

DIMINUTION SUR L'ENDROIT, INCLINÉE À GAUCHE

1 et 2. Tricotez trois mailles ensemble à l'endroit, en les prenant par-derrière et en piquant l'aiguille droite dans la première, puis dans la deuxième et enfin dans la troisième maille.

3. Laissez tomber ensemble les trois mailles de l'aiguille gauche.

Le rang suivant se tricote normalement à l'envers.

→

DIMINUTION SUR L'ENDROIT, INCLINÉE À DROITE

1 et 2. Tricotez trois mailles ensemble à l'endroit, en les prenant par-devant et en piquant l'aiguille dans la troisième, puis dans la deuxième et enfin dans la première maille.

3. Laissez tomber les trois mailles de l'aiguille gauche.

Le rang suivant se tricote normalement à l'envers.

DIMINUTION SUR L'ENDROIT, AVEC CHEVAUCHEMENT À GAUCHE

1. Glissez une maille à l'endroit, puis piquez l'aiguille dans les deux mailles suivantes, en commençant par la deuxième maille.

2. Tricotez ces deux mailles ensemble à l'endroit.

3. Rabattez la maille glissée sur la maille obtenue.

Le rang suivant se tricote normalement à l'envers.

DIMINUTION SUR L'ENDROIT, AVEC CHEVAUCHEMENT À DROITE

1. Glissez une maille à l'endroit sur l'aiguille droite.

2. Tricotez une maille endroit et rabattez la maille glissée sur cette maille médiane.

3. Glissez-la ensuite sur l'aiguille gauche, puis rabattez la maille suivante de l'aiguille gauche sur celle-ci.

4. Remettez la maille obtenue sur l'aiguille droite.

Le rang suivant se tricote normalement à l'envers.

DIMINUTION SUR L'ENDROIT, EN SENS VERTICAL

1 et 2. Glissez deux mailles ensemble à l'endroit sur l'aiguille droite, en piquant d'abord dans la deuxième maille puis dans la première.
3 et 4. Tricotez la maille suivante à l'endroit, puis rabattez les deux mailles glissées sur la maille tricotée.

LES JETÉS

Un jeté ajoute une ou plusieurs mailles sur un même rang. Il n'ajoute pas de mailles quand il est suivi d'une ou de plusieurs diminutions.

Le jeté peut avoir un rôle décoratif : soit il forme un jour, soit il relie plusieurs mailles en chevauchant des mailles tricotées ensemble.

LE JETÉ ENDROIT ENTRE DEUX MAILLES ENDROIT

Le fil se trouve derrière le tricot.

1 et 2. Placez le fil devant le travail, puis passez-le par-dessus la pointe de l'aiguille de l'avant vers l'arrière.

3. Tricotez la maille suivante à l'endroit, normalement.

4 à 6. Sur le rang envers, tricotez le jeté à l'envers en piquant l'aiguille dans le brin arrière ; une maille s'est ajoutée en formant un petit trou.

LE JETÉ ENVERS ENTRE DEUX MAILLES ENVERS

1 et 2. Faites un tour complet avec le fil : passez le fil devant le travail, puis enroulez-le autour de l'aiguille et ramenez-le vers l'avant.
3. Tricotez la maille suivante normalement à l'envers ; une maille s'est ajoutée en formant un petit trou.

LES SURJETS

LE SURJET SIMPLE

La diminution simple inclinée à gauche s'appelle aussi surjet simple.
• Glissez une maille à l'endroit de l'aiguille gauche sur l'aiguille droite.
• Tricotez la maille suivante à l'endroit, puis rabattez la maille glissée par-dessus.

LE SURJET DOUBLE

• Glissez une maille à l'endroit de l'aiguille gauche sur l'aiguille droite.
• Tricotez ensemble les deux mailles suivantes à l'endroit, puis rabattez la maille glissée par-dessus.

La terminaison désigne le rang d'arrêt du tricot qui « termine » l'ouvrage sans que les mailles quittant l'aiguille ne se détricotent. Les mailles du dernier rang sont rabattues les unes sur les autres, de plusieurs manières suivant la partie du tricot à terminer (épaule, encolure, boutonnière). Il est important de terminer le dernier rang avec soin pour obtenir un bord souple et régulier.
Sur l'endroit du tricot, les mailles sont habituellement rabattues à l'endroit ; sur l'envers, elles sont rabattues à l'envers.

LA TERMINAISON À LA FRANÇAISE

Cette terminaison est la plus simple à exécuter. Les mailles se chevauchent à l'endroit sur l'endroit, et à l'envers sur l'envers.

1. Tricotez les deux premières mailles.
2 et 3. Avec la pointe de l'aiguille gauche, rabattez la première maille sur la deuxième. Il ne reste plus qu'une maille sur l'aiguille droite.
Tricotez une nouvelle maille et rabattez la première sur la deuxième, puis recommencez jusqu'à ce qu'il ne reste plus que la dernière maille sur l'aiguille droite.
Coupez le fil en laissant un brin suffisamment long pour pouvoir le rentrer. Passez-le dans la dernière maille et tirez fermement : la dernière maille est ainsi arrêtée.

1

→

2

→

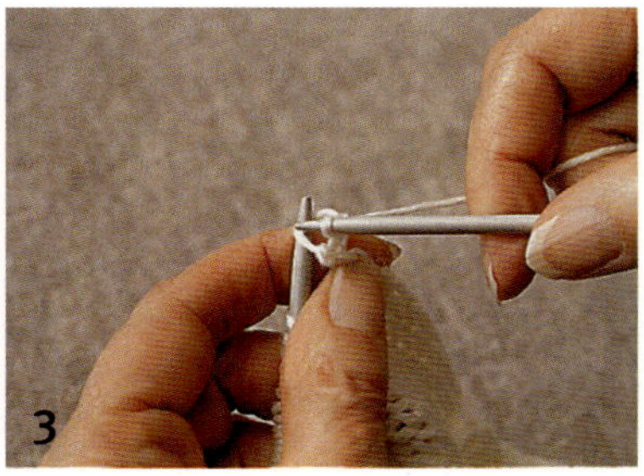
3

LA TERMINAISON À L'ANGLAISE

Les mailles de cette terminaison se chevauchent à l'endroit sur l'endroit, et à l'envers sur l'envers.

1 et 2. Tricotez deux mailles ensemble, en piquant l'aiguille dans les brins arrière.

3. Replacez la maille restante sur l'aiguille gauche, puis tricotez-la avec la suivante, comme vous l'avez fait pour les deux premières, en piquant dans les brins arrière.

Cette méthode permet d'obtenir un arrêt solide et peu élastique, en resserrant le tricot. Elle convient aux coutures d'épaule, aux bords des poches et à l'arrêt des points de torsades.

→

VARIANTE

Pour garder l'élasticité du bord de côtes, on arrête les mailles du dernier rang à la française en les tricotant comme elles se présentent, c'est-à-dire en tricotant à l'endroit les mailles endroit et à l'envers les mailles envers, et en les rabattant les unes sur les autres. Cette finition, appelée « terminaison élastique pour côtes », permet d'arrêter plus souplement les mailles que par les méthodes précédentes (elle servira pour l'encolure, par exemple).

LES TERMINAISONS FANTAISIE

LA TERMINAISON À LA BELGE SUR JERSEY ENDROIT

Pour obtenir un effet décoratif sur l'endroit, on arrête les mailles sur l'envers du travail en les tricotant à l'endroit.

1. Tricotez les deux premières mailles à l'endroit et rabattez la première maille sur la deuxième.

2 et 3. Continuez ainsi jusqu'à épuisement des mailles, en tricotant toujours les mailles à rabattre à l'endroit.

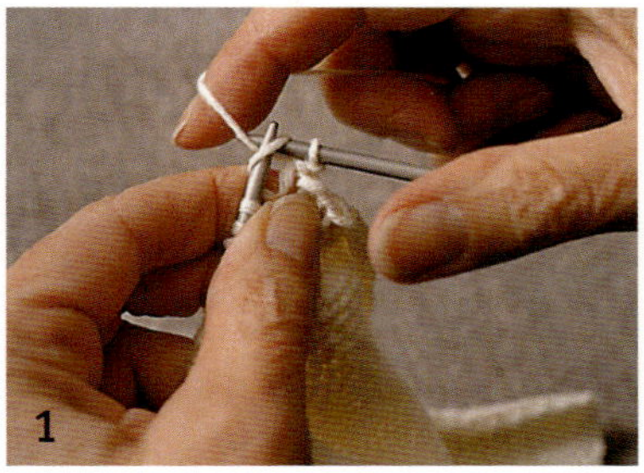

→

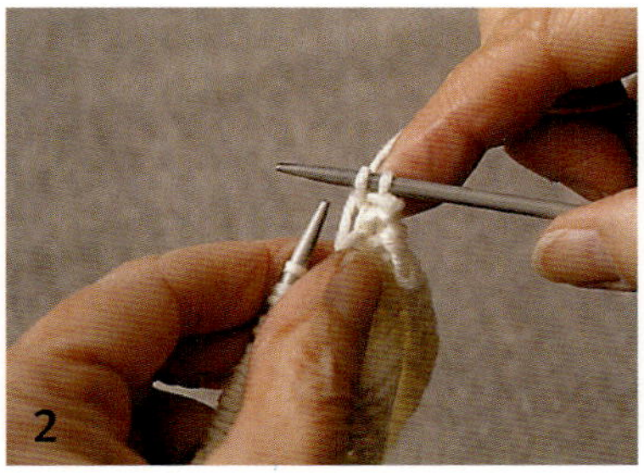

→

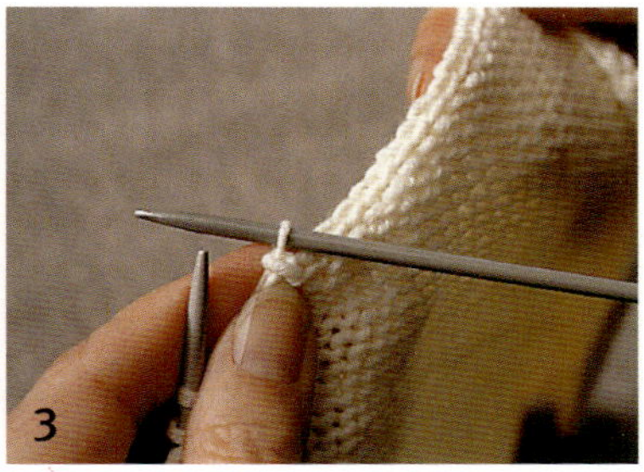

LA TERMINAISON À LA BELGE SUR POINT MOUSSE

Le principe de cette terminaison est d'arrêter toutes les mailles à l'endroit sur l'envers du travail.

1. Tricotez les deux premières mailles à l'endroit.

2. Rabattez la première maille sur la deuxième.

3. Continuez ainsi jusqu'à épuisement des mailles, en tricotant toujours les mailles à rabattre à l'endroit.

→

→

LE NŒUD FINAL

Le nœud coulant forme la première maille initiant le montage, le nœud final quant à lui marque l'arrêt de chaque pièce réalisée.

1 et 2. Pour arrêter la dernière maille restant sur l'aiguille, agrandissez-la pour passer à travers elle le fil de la pelote.

3. Tirez pour former le nœud final, puis coupez le fil de la pelote à 10 cm environ.

ASTUCE

On peut également arrêter les mailles en utilisant un crochet et faire un point de chaînette. On choisira la taille du crochet en fonction de celle des aiguilles employées, ou on le prendra d'une taille supérieure si on souhaite obtenir un rang d'arrêt plus souple.

TRICOTER EN ROND À L'AIDE D'UN JEU DE 4 OU 5 AIGUILLES À DEUX POINTES

Le travail circulaire permet d'éviter les coutures des côtés et des manches. Les jeux de quatre aiguilles courtes à deux pointes s'emploient notamment pour réaliser chaussettes, mitaines, moufles, gants ou bonnets. Pour un travail plus important en revanche, il est préférable d'utiliser un jeu de cinq aiguilles, qui sont de surcroît en général plus longues.

1 et 2. Répartissez le nombre de mailles nécessaire sur trois aiguilles (par exemple trois fois 15 mailles).

3. Il se forme tout naturellement un triangle.

4. Tricotez le premier tour à l'aide de la quatrième aiguille libre de mailles, la dernière maille de la troisième aiguille reliant la première maille de la première aiguille.

5. Répartissez régulièrement les mailles des trois aiguilles tout au long du travail et utilisez la quatrième pour tricoter, le fil de la pelote étant guidé avec la main droite.

De très nombreux points sont possibles ; l'échantillon est, bien entendu, indispensable. Les bords de l'encolure peuvent également être relevés par un jeu de quatre aiguilles à deux pointes.

→

→

REMARQUE

Le tricot circulaire, ou tricot en rond, se définit en « tours » et non en « rangs ».

→

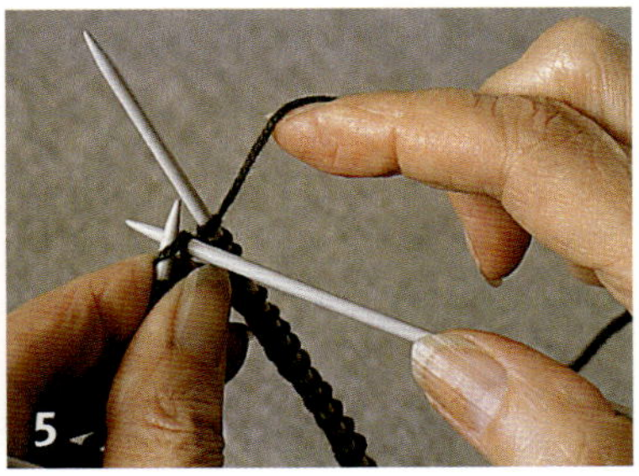

TRICOTER EN ROND À L'AIDE D'UNE AIGUILLE CIRCULAIRE

REMARQUE

Il est confortable de suivre, selon cette méthode, les explications des grilles jacquards et des points fantaisie complexes. L'aiguille circulaire permet également de terminer les bords d'encolure sans couture.

Cette façon de travailler nous est parvenue beaucoup plus tardivement, avec les méthodes de tricot anglo-saxonne et germanique.

Avant toute chose, assurez-vous que la longueur de l'aiguille (qui est inscrite sur la pochette) corresponde au tricot à réaliser ; il est indispensable que les mailles se suivent sans tension sur l'aiguille pour glisser facilement. S'il est trop long, le câble reliant les pointes de l'aiguille circulaire entrave le bon coulissement des mailles ; un câble court en revanche rend le travail plus aisé, les mailles se poussant naturellement. Marquez chaque début de tour par un repère.

1. Montez le nombre de mailles nécessaire pour l'exécution du modèle, et marquez la première maille avec un repère (anneau-trombone ou épingle de sûreté).

2. Formez le premier tour en reliant la dernière et la première maille avec le fil de la pelote, puis continuez : un nouveau cercle de mailles s'installe sur l'aiguille.

Tricotez ainsi les tours l'un après l'autre : le travail est aisé si la longueur de l'aiguille est bien adaptée au nombre de mailles .

→

Les erreurs ou les maladresses, en tricot, se corrigent aisément. Si une maille tombe de l'aiguille et qu'elle file, formant une petite échelle, il suffit d'aller la « repêcher » et de la replacer au bon endroit sur le rang d'où elle s'est échappée.

RATTRAPER UNE MAILLE PERDUE SUR L'ENDROIT AVEC UN CROCHET

1 à 3. Sur le jersey endroit, piquez le crochet dans la maille détricotée, puis passez-le sous le fil horizontal situé juste au-dessus et tirez ce fil à travers la maille. Recommencez l'opération autant de fois qu'il le faudra pour « grimper » tous les échelons jusqu'au rang en cours. Sur du jersey envers, travaillez de la même façon, mais sur l'envers du travail bien entendu.

→

RATTRAPER UNE MAILLE PERDUE SUR L'ENDROIT AVEC UNE AIGUILLE

Si vous vous apercevez qu'une maille a été mal tricotée sur un rang précédent, qu'elle est tordue ou mal formée (à l'endroit sur l'envers, par exemple, ou à l'envers sur l'endroit), vous devez d'abord la détricoter jusqu'à l'emplacement de l'erreur. Piquez ensuite l'aiguille droite dans cette maille et passez-la sous le fil horizontal situé juste au-dessus, puis piquez ensuite avec l'aiguille gauche dans la maille et rabattez-la par-dessus le fil ; elle se trouve toujours sur l'aiguille droite. Pour les rangs suivants, passez simplement l'aiguille sous le fil et rabattez la maille par-dessus. Lorsque le travail est terminé, glissez la maille sur l'aiguille gauche et tricotez-la.

RATTRAPER UNE MAILLE PERDUE SUR L'ENVERS

1. Piquez l'aiguille droite dans la maille, de l'arrière vers l'avant, en la passant également sous le brin horizontal situé juste au-dessus.
2 et 3. Piquez ensuite l'aiguille gauche dans la maille, de l'avant vers l'arrière, en la passant derrière le fil et rabattez la maille sur le fil.
Glissez la maille « réparée » sur l'aiguille gauche, et répétez l'opération autant de fois qu'il le faudra pour remonter la maille jusqu'au dernier rang.
Si plusieurs mailles à la suite sont à réparer, il est plus facile de les remonter l'une après l'autre, ou de défaire le tricot jusqu'à l'erreur avant de retricoter la partie détricotée.

RACCORDER LES FILS

Introduire un nouveau fil ou une nouvelle pelote se fait à chaque fois que l'on arrive au bout du fil en cours.

1. Le raccord de deux pelotes doit toujours s'effectuer en début de rang.

2 et 3. Tricotez la première maille avec les deux fils, puis continuez avec le nouveau fil seulement. Nouez les deux fils ensemble par un nœud simple ; par la suite, rentrez-les à l'aide d'une aiguille à tapisserie.

En cas de raccord au milieu d'un rang, si ce raccord ne peut se faire en utilisant les deux fils ensemble, tricotez en gardant 10 cm environ sur le premier fil, puis continuez le travail avec le nouveau fil. Ne faites jamais un nœud : non seulement il se verrait tout de suite, mais il risquerait, en plus, de se dénouer. Passez chaque brin dans les mailles avec une aiguille à tapisserie sur l'envers du travail, en les croisant au départ.

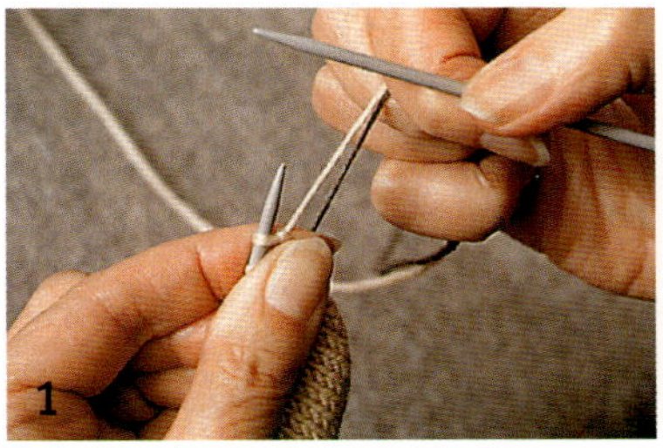

→

→

MODIFIER LA TAILLE

Comment adapter votre taille à la taille donnée dans les explications ? Souvent, les explications des modèles figurent en plusieurs tailles ; le nombre de mailles est indiqué normalement pour la taille de base, et entre parenthèses pour les tailles supérieures et inférieures.

Si ce n'est pas le cas, il suffit de tracer sur une feuille de papier les mesures souhaitées, mesurées sur vous ou sur un tricot qui vous va bien. Comparez-les ensuite au schéma de l'explication et, en tenant compte de l'échantillon que vous aurez fait au préalable, appliquez une règle de trois qui vous permettra de définir les nombres de mailles et de rangs adaptés à vos mesures. Inscrivez ces données sur votre tracé et dans votre carnet de notes.

2. L'échantillon

L'échantillon est un élément indispensable et déterminant pour tout tricot. Il permet d'adapter le nombre de mailles et de rangs, de définir de manière optimale le rapport qu'il y a entre la grosseur des aiguilles, le fil choisi et la main de la tricoteuse, laquelle possède sa propre technique : manière de tendre le fil, de serrer les mailles, etc.
Il est important de réaliser un échantillon assez conséquent pour bien visualiser sa surface, puis de comparer ses dimensions aux nombres de mailles et de rangs ainsi qu'à la grosseur des aiguilles, éléments indiqués sur les étiquettes des pelotes ou dans les explications.
Si le nombre de mailles (ou de rangs) de votre échantillon est inférieur à celui donné dans les indications pour une dimension donnée (en général, 10 centimètres), vous devrez employer des aiguilles plus fines ; si à l'inverse il est plus élevé, vous utiliserez des aiguilles plus grosses. Il est plus facile de changer de grosseur d'aiguilles que de modifier, avec la main, la tension du fil et le serrage des mailles.

1. Repassez légèrement l'échantillon à la vapeur afin d'obtenir un carré d'environ 12 cm de côté. Mailles et rangs se mesurent à l'aide d'un mètre à ruban et d'une grosse épingle.
2. Comptez d'abord les mailles une par une sur un seul et même rang, en marquant par un fil de couleur la largeur d'un échantillon type aux deux extrémités (10 cm).
3. Comptez les rangs en suivant la même colonne et marquez par un fil de couleur la hauteur de l'échantillon type aux deux extrémités (10 cm).
Il faut réaliser un échantillon pour chaque nouveau tricot et pour chaque série de points différents.

→

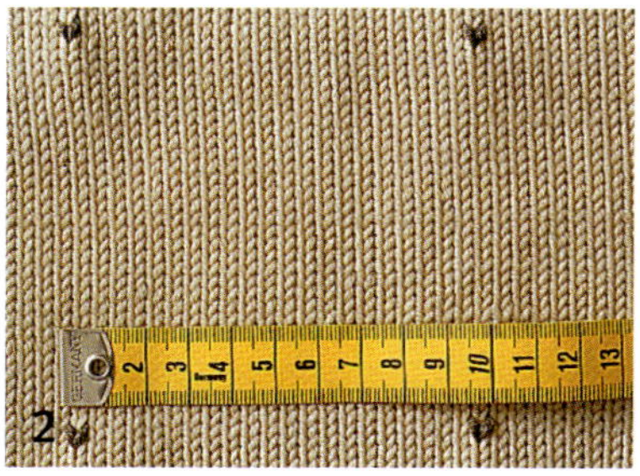

→

3

LES POINTS DE TRICOT

Les points de base

La diversité des points de tricot est si vaste qu'il serait vain de les décrire tous. Notre choix est basé et classé par catégories de points et en petits groupes, ce qui donne accès à un très large éventail de possibilités. Les points de base sont les points les plus utilisés et les plus faciles à exécuter, et tous les points existants en découlent, des plus simples aux plus compliqués. Ils se composent toujours de mailles endroit et de mailles envers. On tricote le premier rang, on tourne le travail et on tricote le deuxième rang, en essayant de contrôler en permanence la tension du fil qui est tenu dans la main et entre les doigts. Les points de base les plus simples sont le point mousse et les points jersey endroit et envers.

LE POINT MOUSSE

Le point mousse est le point que le débutant apprend avant tout : c'est le plus simple à réaliser. Son aspect en relief est identique sur l'endroit et sur l'envers.

Il se tricote sur un nombre quelconque de mailles.

Rang 1 : à l'endroit.

Rang 2 : à l'endroit.

Répétez ces deux rangs.

REMARQUE

Il faut toujours terminer le rang en cours avant d'interrompre le tricot : cela évite des erreurs et un relâchement de la tension au milieu du rang.

1

2

LE POINT JERSEY

Ce point découle naturellement de la maille endroit et de la maille envers. Son nom provient de l'île de Jersey, où, de tout temps, les femmes ont employé ce point pour réaliser les pulls des marins.

Il présente sur l'endroit une surface lisse et régulière, les mailles formant un petit cœur ou un V. Sur l'envers, la surface est plutôt bouclée, formant des demi-cercles horizontaux. Considérant la surface lisse et unie comme l'endroit, on parle de « jersey endroit » (n°s 1 et 2), si on retourne ce jersey, on parle de « jersey envers » (n°s 3 et 4).

Le jersey se tricote sur un nombre quelconque de mailles.

Rang 1 : à l'endroit.

Rang 2 : à l'envers.

Répétez ces deux rangs.

3

4

VARIATION DES POINTS MOUSSE ET JERSEY

Le point mousse peut parfaitement alterner avec le point jersey, comme dans cet exemple où il vient agrémenter le col et les bordures d'une petite veste pour bébé tricotée au point jersey.

Les babouches et le plaid pour bébé

LES BABOUCHES

Taille

3-6 mois

Fournitures

50 g de Mérinos
(50 g = 125 m) d'Anny Blatt, coloris au choix

Aiguilles n° 3

Point employé

Point mousse : tous les rangs à l'endroit

Échantillon

10 x 10 cm au point mousse avec les aiguilles n° 3 = 24 m. et 48 rangs

LE PLAID

Dimensions

60 x 80 cm

Fournitures

250 g de Mérinos
(50 g = 125 m) d'Anny Blatt, coloris au choix

Aiguilles n° $3^{1/2}$

Points employés

Point mousse : tous les rangs à l'endroit

Jersey endroit : 1 rang endroit, 1 rang envers

Échantillon

10 x 10 cm en jersey avec les aiguilles n° $3^{1/2}$ = 22 m. et 30 rangs

RÉALISATION

LES BABOUCHES

Commencez par la semelle : montez 16 m. sur les aiguilles n° 3 et tricotez au point mousse en augmentant de chaque côté 3 fois 1 m. tous les 4 rangs. Tricotez ensuite 10 rangs droits, puis formez de chaque côté, à 2 m. des bords, 3 fois 1 diminution tous les 4 rangs. Il reste 16 m.

Pour le dessus du pied, continuez en ajoutant à droite pour le talon 1 fois 8 m., et en augmentant à gauche pour la pointe du pied 3 fois 1 m. tous les 4 rangs. On obtient 27 m.

Après la dernière augmentation, rabattez à droite 1 fois 14 m., puis tricotez 10 rangs sur les 13 m. restantes.

Au rang suivant, ajoutez à droite 1 fois 14 m. et diminuez à gauche 3 fois 1 m. tous les 4 rangs, puis rabattez les 24 m. restantes.

Repassez les babouches à la vapeur avant le montage.

Assemblez les deux bords du talon. Puis cousez le dessus du pied sur la semelle en soutenant la partie supérieure.

Tricotez la deuxième babouche de la même façon.

ASTUCE

Faites deux petits pompons (voir p. 184) et cousez-les sur le dessus ou à l'arrière des babouches pour une jolie finition.

LE PLAID

Montez 132 m. sur les aiguilles n° $3^{1/2}$ et tricotez 3 cm au point mousse, puis continuez ainsi : 7 m. au point mousse, 118 m. en jersey et 7 m. au point mousse.

Tricotez 74 cm ainsi, puis 3 cm au point mousse sur toutes les mailles.

Rabattez les mailles souplement et rentrez les fils.

Repassez légèrement sur l'envers avec un fer à vapeur.

Le bonnet et les chaussons en angora avec pompons

LE BONNET ET LES CHAUSSONS

Taille

3-6 mois

Fournitures

50 g d'Angora Super (25 g = 106 m) d'Anny Blatt, coloris blanc cassé et jaune pâle (ou de Mérinos)

Aiguilles n° 3

Point employé

Point mousse : tous les rangs à l'endroit

Échantillon

10 x 10 cm au point mousse avec les aiguilles n° 3 = 24 m. et 44 rangs

ASTUCE

Pour confectionner un bonnet de taille supérieure, ajoutez 8 m. et faites 11 diminutions. Si vous voulez faire un bonnet plus petit, enlevez 8 m. et faites 9 diminutions.

LE BONNET

Montez 82 m. sur les aiguilles et tricotez au point mousse 13 cm, puis commencez le haut du bonnet en répartissant 10 diminutions sur 1 rang de la façon suivante : 1 m. lisière, *6 m. endroit, 2 m. ensemble*, répétez 10 fois au total de * à *, 1 m. lisière.
Répétez ces diminutions encore 6 fois tous les 4 rangs en les plaçant les unes au-dessus des autres, puis coupez le fil, passez-le dans les 12 mailles restantes et serrez pour fermer.
Fermez le bonnet par une couture maille à maille, puis repliez le bord sur l'endroit pour le revers. Repassez légèrement à la vapeur.
Faites un petit pompon (voir p. 184) et cousez-le au sommet du bonnet.

LES CHAUSSONS

Commencez par le chausson gauche.
Pour la semelle, montez 16 m. sur les aiguilles et tricotez au point mousse en augmentant de chaque côté 3 fois 1 m. tous les 4 rangs. Tricotez ensuite 6 rangs droits et formez de chaque côté, à 2 m. des bords, 3 fois 1 diminution tous les 4 rangs. Il reste 16 m.
Pour le dessus du pied, continuez en ajoutant à droite pour le talon 1 fois 8 m., et en augmentant à gauche pour la pointe du pied 3 fois 1 m. tous les 4 rangs. On obtient 27 m.
Après la dernière augmentation, rabattez à droite 1 fois 14 m., puis tricotez 10 rangs sur les 13 m. restantes.
Au rang suivant, ajoutez à droite 1 fois 14 m. et diminuez à gauche 3 fois 1 m. tous les 4 rangs, puis rabattez les 24 m. restantes. Assemblez les deux bords du talon, et cousez le dessus du pied sur la semelle.
Pour la bride, montez 22 m. sur les aiguilles n° 3, puis relevez à la suite 16 m. sur l'arrière du pied et ajoutez 6 m. Tricotez 6 rangs au point mousse sur les 42 m. obtenues, en formant au 3e rang une boutonnière de 1 m. à 3 m. du bord droit (tricotez 2 m. ensemble, un jeté), puis arrêtez les mailles.
Cousez un bouton en vis-à-vis de la boutonnière. Faites un petit pompon et placez-le sur le dessus du chausson.
Tricotez le chausson droit dela même façon, avec la bride en vis-à-vis.

Le pull enfant aux points mousse et jersey

LE PULL

Taille

4 ans

Fournitures

300 g de Mérinos
(50 g = 125 m) d'Anny Blatt, coloris au choix.

Aiguilles n°s 3 et $3^{1/2}$

Points employés

Point mousse : tous les rangs à l'endroit

Jersey endroit : 1 rang endroit, 1 rang envers

Échantillon

10 x 10 cm en jersey avec les aiguilles n° $3^{1/2}$ = 22 m. et 32 rangs

RÉALISATION

DOS

Montez 96 m. sur les aiguilles n° $3^{1/2}$ et tricotez 3 cm au point mousse, puis continuez en jersey.
À 45 cm de hauteur totale, pour les épaules, rabattez 30 m. de chaque côté et, pour l'encolure, laissez les 36 m. du milieu en attente.

DEVANT

Commencez comme pour le dos.
À 39 cm de hauteur totale, pour l'encolure, laissez en attente les 8 m. du milieu, puis terminez chaque côté séparément en rabattant, côté encolure, tous les 2 rangs, 2 fois 3 m., 2 fois 2 m. et, à 2 m. des bords, 4 fois 1 m. À droite, tricotez 2 m. ensemble et, à gauche, faites 1 surjet simple.
À 45 cm de hauteur totale, rabattez pour les épaules les 30 m. restantes.

MANCHES

Montez 54 m. sur les aiguilles $3^{1/2}$ et tricotez 3 cm au point mousse, puis continuez en jersey en augmentant, à 2 m. des bords, 11 fois 1 m. tous les 6 rangs.
À 24 cm de hauteur totale, rabattez les 76 m. obtenues en une fois.

FINITIONS

Repassez à la vapeur les différentes pièces tricotées.
Cousez l'épaule gauche. Avec les aiguilles n° 3, reprenez les 36 m. de l'encolure du dos, puis relevez 17 m. sur le côté gauche de l'encolure du devant, reprenez les 8 m. centrales en attente et relevez 17 m. sur le deuxième côté. Tricotez 5 rangs en jersey endroit, puis rabattez souplement toutes les mailles. Fermez la deuxième épaule et la bordure d'encolure. Montez les manches sur une hauteur de 17 cm, puis fermez-les ainsi que les côtés par une couture maille à maille (voir p. 193).

La tunique corail

LA TUNIQUE

Taille

Médium

Fournitures

700 g de Mélody (50 g = 130 m) de Bouton d'Or, coloris au choix

Aiguilles n°s 4 et 5

Points employés

Côtes 1/1 : 1 m. endroit, 1 m. envers

Jersey endroit : 1 rang endroit, 1 rang envers

Échantillon

10 x 10 cm en jersey endroit avec les aiguilles n° 5 = 16 m. et 22 rangs

RÉALISATION

DOS

Montez 91 m. sur les aiguilles n° 4 et tricotez 5 cm en côtes 1/1. Avec les aiguilles n° 5, continuez en jersey endroit.

À 70 cm de hauteur totale, commencez en même temps les épaules et l'encolure. Pour les épaules, rabattez de chaque côté 3 fois 8 m. tous les 2 rangs et, pour l'encolure, laissez en attente les 33 m. du milieu et terminez chaque côté séparément en rabattant, côté encolure et 2 rangs au-dessus, 1 fois 5 m.

DEVANT

Commencez comme pour le dos.

À 63 cm de hauteur totale, pour l'encolure, laissez en attente les 19 m. du milieu, puis terminez chaque côté séparément en rabattant tous les 2 rangs, côté encolure, 1 fois 3 m., 3 fois 2 m. et 3 fois 1 m.

À 70 cm de hauteur totale, rabattez les épaules de la même façon que celles du dos (= 3 fois 8 m. tous les 2 rangs).

MANCHES

Montez 51 m. sur les aiguilles n° 4 et tricotez 5 cm en côtes 1/1. Avec les aiguilles n° 5, continuez en jersey endroit en augmentant de chaque côté, à 2 m. des bords, 5 fois 1 m. tous les 4 rangs et 8 fois 1 m. tous les 6 rangs. On obtient 77 m.

À 39 cm de hauteur totale, rabattez de chaque côté, tous les 2 rangs, 1 fois 10 m., 3 fois 7 m., puis les 15 m. restant au milieu.

FINITIONS

Repassez à la vapeur, sur l'envers, les différentes pièces tricotées.
Cousez l'épaule gauche. Avec les aiguilles n° 4, relevez 5 m. au bord de l'encolure du dos, reprenez les 33 m. centrales en attente, relevez 5 m. sur le deuxième côté, puis 18 m. sur le bord de l'encolure du devant. Reprenez alors les 19 m. en attente et relevez 18 m. sur le second côté.
Tricotez 3 cm en côtes 1/1 sur les 98 m. obtenues, en formant 3 fois 1 diminution tous les 2 rangs, de chaque côté des coutures d'épaule, puis arrêtez les mailles comme elles se présentent. Fermez la deuxième épaule et la bordure d'encolure.
Cousez les côtés en laissant, dans le haut, une ouverture de 24 cm, puis montez les manches et fermez-les en plaçant le milieu de la manche sur la couture de l'épaule.

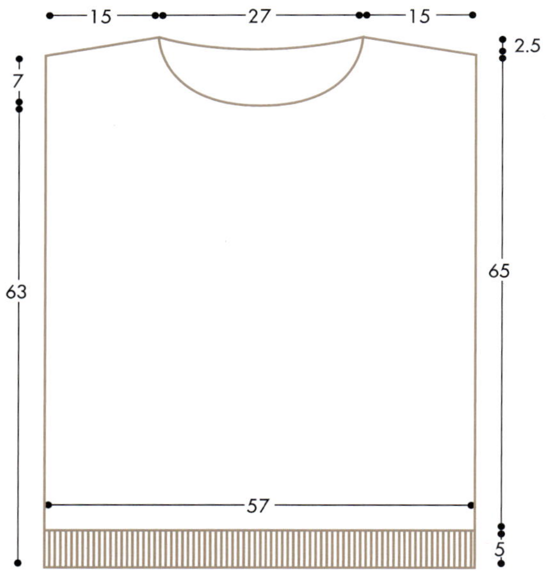

Devant et dos (en cm)

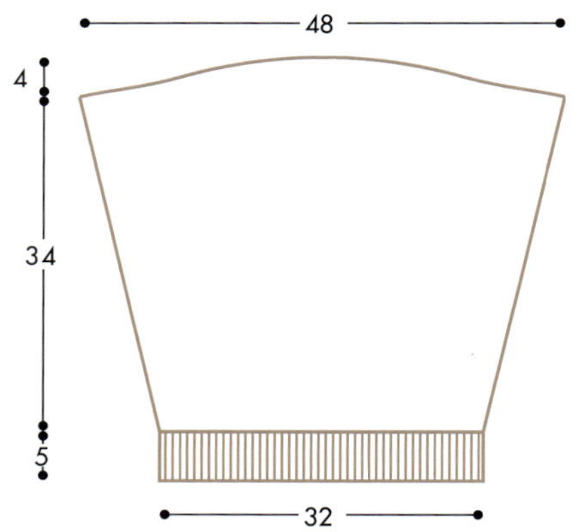

Manche (en cm)

Le pull en kid mohair à dents de chat

LE PULL

Taille

Médium

Fournitures

150 g de Fine Kid (50 g = 255 m) d'Anny Blatt, coloris au choix

Aiguilles n°s 2, 3 et 4

Points employés

Jersey endroit : 1 rang endroit, 1 rang envers

Dents de chat

Échantillon

10 x 10 cm en jersey endroit avec les aiguilles n° 4 = 24 m. et 34 rangs

REMARQUE

Les manches montées sont des manches trois quarts.

RÉALISATION

DOS

Montez 120 m. sur les aiguilles n° 3 et tricotez en jersey endroit 3 cm pour l'ourlet, puis 1 rang à l'envers sur l'endroit, et de nouveau 3 cm. Pour fermer l'ourlet, relevez 120 m. sur le rang de montage avec l'aiguille n° 3 et tricotez 1 rang endroit avec les aiguilles n° 4, en prenant ensemble 1 m. de chaque aiguille.

Continuez en jersey endroit en formant de chaque côté, à 2 m. des bords, 11 fois 1 diminution tous les 4 rangs. À droite, tricotez 2 m. ensemble et, à gauche, faites 1 surjet simple, puis augmentez de chaque côté, à 2 m. des bords, 11 fois 1 m. alternativement tous les 4 rangs et tous les 6 rangs.

À 36 cm de hauteur totale, rabattez de chaque côté tous les 2 rangs, pour les emmanchures, 1 fois 5 m., 1 fois 3 m., 3 fois 2 m. et 3 fois 1 m.

À 56 cm de hauteur totale, commencez en même temps les épaules et l'encolure. Pour les épaules, rabattez de chaque côté tous les 2 rangs 3 fois 8 m. Pour l'encolure, laissez les 28 m. du milieu en attente et terminez chaque côté séparément en rabattant, côté encolure et 2 rangs au-dessus, 1 fois 5 m.

DEVANT

Commencez comme pour le dos.

À 46 cm de hauteur totale, laissez en attente les 18 m. du milieu pour l'encolure et terminez chaque côté séparément en rabattant, côté encolure et tous les 2 rangs, 1 fois 3 m., 2 fois 2 m., 3 fois 1 m.

À 56 cm de hauteur totale, rabattez 3 fois 8 m. tous les 2 rangs pour l'épaule.

MANCHES

Montez 60 m. sur les aiguilles n° 3 et tricotez 1 cm en jersey endroit, puis 2 rangs en dents de chat (rang 1 : 1 m. endroit, *2 m. ensemble à l'endroit, 1 jeté*, 1 m. endroit ; rang 2 : à l'envers) et 1 cm en jersey endroit.

Avec les aiguilles n° 4, continuez en augmentant de chaque côté 13 fois 1 m. tous les 6 rangs : on obtient 86 m.
À 27 cm de hauteur totale, rabattez de chaque côté pour l'arrondi : tous les 2 rangs, 1 fois 4 m., 1 fois 3 m. ; tous les 4 rangs, 6 fois 1 m., 4 fois 2 m. ; tous les 2 rangs, 3 fois 2 m., 1 fois 3 m., 1 fois 4 m., puis les 18 m. restant au milieu en une fois.

FINITIONS

Repassez à la vapeur, sur l'envers, les différentes pièces tricotées en veillant bien à ne pas abîmer cette laine très fine.
Cousez l'épaule gauche. Avec les aiguilles n° 2, relevez 5 m. sur l'encolure du dos, puis reprenez les 28 m. en attente, relevez 5 m. sur le deuxième côté, 11 m. sur le bord de l'encolure du devant, reprenez les 18 m. en attente et relevez 11 m. sur le deuxième côté. Tricotez 5 rangs en jersey endroit, puis 2 rangs en dents de chat, 5 rangs en jersey endroit et arrêtez les mailles. Fermez la deuxième épaule et la bordure d'encolure. Repliez celle-ci sur l'envers et cousez-la à points glissés.
Cousez les côtés. Fermez les manches et montez-les.

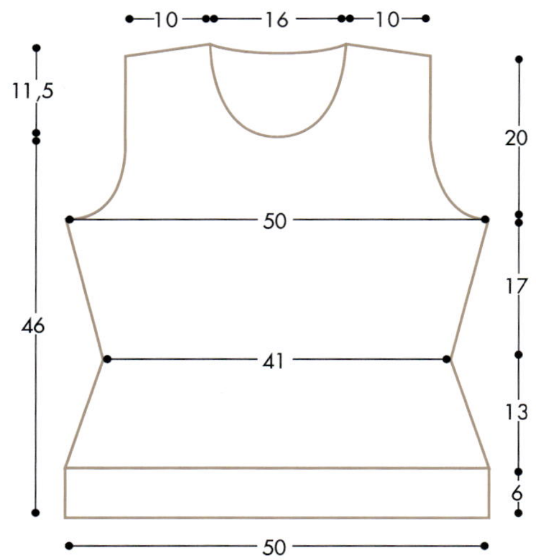

Devant et dos (en cm)

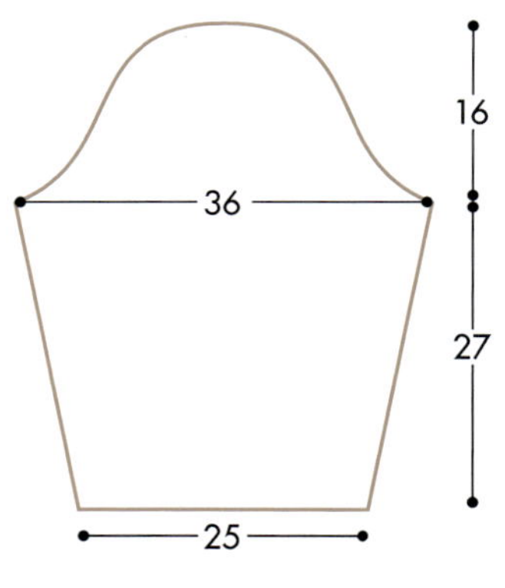

Manche (en cm)

Les points de base déclinés

Les points de base déclinés en points fantaisie se composent de mailles endroit et de mailles envers, combinées différemment. On classe les points par catégories d'après leur aspect ou leur structure.

Le point fantaisie est une suite de mailles composant le point, répétée jusqu'à la fin du rang et encadrée par des astérisques (*) pour faciliter la lecture des explications. On mentionne également le nombre de rangs nécessaires pour réaliser le motif.

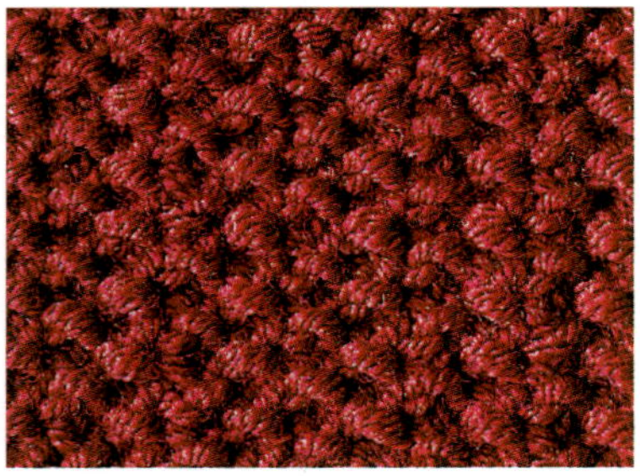

LE POINT DE RIZ

Le point de riz est obtenu en tricotant alternativement une maille endroit et une maille envers sur le même rang, puis en contrariant les mailles sur le rang suivant. Le nombre de mailles doit être un multiple de 2.

Rang 1 : *1 m. endroit, 1 m. envers*.
Rang 2 : contrariez les mailles en tricotant à l'endroit la maille qui se présente à l'envers et à l'envers celle qui se présente à l'endroit.
Répétez ces deux rangs.

VARIATION DU POINT DE RIZ

Pour ce point, losanges et panneaux au point de riz sont alternés. Ce motif se tricote sur 41 mailles + 2 mailles lisières pour l'échantillon.

Rang 1 : 1 m. lisière, 2 m. envers, 2 m. endroit, 7 m. au point de riz , 2 m. endroit, 2 m. envers, 11 m. endroit, 2 m. envers, 2 m. endroit, 7 m. au point de riz, 2 m. endroit, 2 m. envers, 1 m. lisière.

Rang 2 : 1 m. lisière, 2 m. endroit, 2 m. envers, 7 m. au point de riz, 2 m. envers, 2 m. endroit, 11 m. envers, 2 m. endroit, 2 m. envers, 7 m. au point de riz, 2 m. envers, 2 m. endroit, 1 m. lisière.

Rang 3 : 1 m. lisière, 2 m. envers, 2 m. endroit, 7 m. au point de riz, 2 m. endroit, 2 m. envers, 11 m. endroit, 2 m. envers, 2 m. endroit, 7 m. au point de riz, 2 m. endroit, 2 m. envers, 1 m. lisière.

Rang 4 : 1 m. lisière, 2 m. endroit, 2 m. envers, 7 m. au point de riz, 2 m. envers, 2 m. endroit, 5 m. envers, 1 m. endroit (base du losange), 5 m. envers, 2 m. endroit, 2 m. envers, 7 m. au point de riz, 2 m. envers, 2 m. endroit, 1 m. lisière.

Rang 5 : 1 m. lisière, 2 m. envers, 2 m. endroit, 7 m. au point de riz, 2 m. endroit, 2 m. envers, 4 m. endroit, 3 m. au point de riz (= 1 m. envers, 1 m. endroit, 1 m. envers), 4 m. endroit, 2 m. envers, 2 m. endroit, 7 m. au point de riz, 2 m. endroit, 2 m. envers, 1 m. lisière.

Rang 6 : 1 m. lisière, 2 m. endroit, 2 m. envers, 7 m. au point de riz, 2 m. envers, 2 m. endroit, 3 m. envers, 5 m. au point de riz, 3 m. envers, 2 m. endroit, 2 m. envers, 7 m. au point de riz, 2 m. envers, 2 m. endroit, 1 m. lisière.

Rang 7 : 1 m. lisière, 2 m. envers, 2 m. endroit, 7 m. au point de riz , 2 m. endroit, 2 m. envers, 2 m. endroit, 7 m. au point de riz, 2 m. endroit, 2 m. envers, 2 m. endroit, 7 m. au point de riz, 2 m. endroit, 2 m. envers, 1 m. lisière.

Rang 8 : 1 m. lisière, 2 m. endroit, 2 m. envers, 7 m. au point de riz, 2 m. envers, 2 m. endroit, 1 m. envers, 9 m. au point de riz, 1 m. envers, 2 m. endroit, 2 m. envers, 7 m. au point de riz, 2 m. envers, 2 m. endroit, 1 m. lisière.

Rang 9 : 1 m. lisière, 2 m. envers, 2 m. endroit, 7 m. au point de riz , 2 m. endroit, 2 m. envers, 2 m. endroit, 7 m. au point de riz, 2 m. endroit, 2 m. envers, 2 m. endroit, 7 m. au point de riz, 2 m. endroit, 2 m. envers, 1 m. lisière.

Rang 10 : 1 m. lisière, 2 m. endroit, 2 m. envers, 7 m. au point de riz, 2 m. envers, 2 m. endroit, 3 m. envers, 5 m. au point de riz, 3 m. envers, 2 m. endroit, 2 m. envers, 7 m. au point de riz, 2 m. envers, 2 m. endroit, 1 m. lisière.

Rang 11 : 1 m. lisière, 2 m. envers, 2 m. endroit, 7 m. au point de riz, 2 m. endroit, 2 m. envers, 4 m. endroit, 3 m. au point de riz, 4 m. endroit, 2 m. envers, 2 m. endroit, 7 m. au point de riz, 2 m. endroit, 2 m. envers, 1 m. lisière.

Rang 12 : 1 m. lisière, 2 m. endroit, 2 m. envers, 7 m. au point de riz, 2 m. envers, 2 m. endroit, 5 m. envers, 1 m. au point de riz, 5 m. envers, 2 m. endroit, 2 m. envers, 7 m. au point de riz, 2 m. envers, 2 m. endroit, 1 m. lisière.

Répétez ces douze rangs.

LE POINT DE BLÉ

C'est un point de riz double. Le nombre de mailles doit être multiple de 2.

Rang 1 : *1 m. endroit, 1 m. envers*.

Rang 2 : tricotez les mailles comme elles se présentent.

Rang 3 : *1 m. envers, 1 m. endroit*.

Rang 4 : tricotez les mailles comme elles se présentent.

Répétez ces quatre rangs.

LE POINT DAMIER

Il se compose de plusieurs mailles endroit et envers contrariées après un certain nombre de rangs. Le nombre de mailles doit être un multiple de 4.

Rang 1 : 1 m. lisière, *2 m. endroit, 2 m. envers*, 1 m. lisière.

Rang 2 et tous les rangs pairs : tricotez les mailles comme elles se présentent.

Rang 3 : comme le rang 1.

Rang 5 : 1 m. lisière, *2 m. envers, 2 m. endroit*, 1 m. lisière.

Rang 7 : comme le rang 5.

Répétez ces huit rangs.

REMARQUE

On peut créer des damiers plus importants, 4/4 ou 6/6 par exemple.

LE POINT DE GODRON

Ce point présente une ondulation profonde sur le jersey endroit, à intervalles réguliers. Pour obtenir cette ondulation, on tricote un ou plusieurs rangs en jersey envers sur l'endroit. Le nombre de mailles est sans importance.

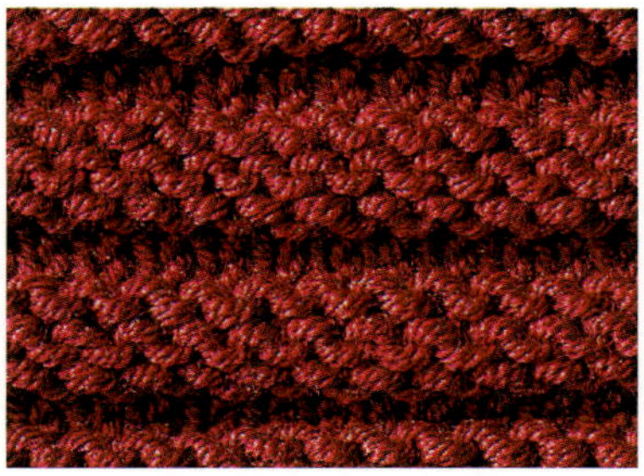

Version sur 6 rangs :
Rang 1 : à l'endroit.
Rang 2 : à l'envers.
Rang 3 : à l'endroit.
Rang 4 : à l'endroit.
Rang 5 : à l'envers.
Rang 6 : à l'endroit.
Répétez ces six rangs.

Version sur 4 rangs :
Rang 1 : à l'endroit.
Rang 2 : à l'envers.
Rang 3 : à l'envers.
Rang 4 : à l'endroit.
Répétez ces quatre rangs.

VARIATION DES POINTS DAMIER 2/2 ET DE GODRON

Ce point, conçu à base du point damier 2/2 et du point de godron sur 4 rangs, se construit sur un nombre de mailles multiple de 56. Le panneau central se compose de 32 mailles au point damier 2/2 (voir page 74). Il est encadré par des bords au point de godron sur 4 rangs de 12 mailles (voir ci-dessus).
Le point de godron peut être monté sur toute la largeur du tricot, pour commencer ce dernier ou le terminer.

LE POINT DE GRILLE

Le point de grille s'exécute en plaçant en ligne diagonale un point de riz sur un fond de jersey endroit, tout en formant des losanges réguliers. Le nombre de mailles doit être un multiple de 8 + 2 mailles lisières pour l'échantillon.

Rang 1 : 1 m. lisière, *1 m. envers, 7 m. endroit*, 1 m. lisière.
Rang 2 : 1 m. lisière, *1 m. endroit, 5 m. envers, 1 m. endroit, 1 m. envers*, 1 m. lisière.
Rang 3 : 1 m. lisière, *2 m. endroit, 1 m. envers, 3 m. endroit, 1 m. envers, 1 m. endroit*, 1 m. lisière.
Rang 4 : 1 m. lisière, *2 m. envers, 1 m. endroit, 1 m. envers, 1 m. endroit, 3 m. envers*, 1 m. lisière.
Rang 5 : 1 m. lisière, *4 m. endroit, 1 m. envers, 3 m. endroit*, 1 m. lisière.
Rang 6 : 1 m. lisière, *2 m. envers, 1 m. endroit, 1 m. envers, 1 m. endroit, 3 m. envers*, 1 m. lisière.
Rang 7 : 1 m. lisière, *2 m. endroit, 1 m. envers, 3 m. endroit, 1 m. envers, 1 m. endroit*, 1 m. lisière.
Rang 8 : 1 m. lisière, *1 m. endroit, 5 m. envers, 1 m. endroit, 1 m. envers*, 1 m. lisière.
Répétez ces huit rangs.

REMARQUE

Le point de grille peut être élargi, et formera ainsi des losanges plus grands.

LE POINT ZIGZAG

C'est un point très pratiqué dans les tricots en Irlande, plus précisément dans les îles d'Aran. Il forme un zigzag régulier au point de riz sur fond de jersey endroit. Il est souvent bordé de 2 mailles jersey envers en début et en fin de parcours. Il peut être employé seul ou intégré dans une panoplie de motifs différents ; sur un fond de jersey endroit, il peut être élargi et allongé, et se composer de 1 à 3 mailles au point de riz, au choix.

Il se fait sur un nombre de mailles multiple de 11 + 2 mailles envers de chaque côté pour l'échantillon.

Rang 1 : 2 m. envers, *1 m. envers, 10 m. endroit*, 2 m. envers.
Rang 2 : 2 m. endroit, *9 m. envers, 1 m. endroit, 1 m. envers*, 2 m. endroit.
Rang 3 : 2 m. envers, *2 m. endroit, 1 m. envers, 8 m. endroit*, 2 m. envers.
Rang 4 : 2 m. endroit, *7 m. envers, 1 m. endroit, 3 m. envers*, 2 m. endroit.
Rang 5 : 2 m. envers, *4 m. endroit, 1 m. envers, 6 m. endroit*, 2 m. envers.
Rang 6 : 2 m. endroit, *5 m. envers, 1 m. endroit, 5 m. envers*, 2 m. endroit.
Rang 7 : 2 m. envers, *6 m. endroit, 1 m. envers, 4 m. endroit*, 2 m. envers.
Rang 8 : 2 m. endroit, *3 m. envers, 1 m. endroit, 7 m. envers*, 2 m. endroit.
Rang 9 : 2 m. envers, *8 m. endroit, 1 m. envers, 2 m. endroit*, 2 m. envers.
Rang 10 : 2 m. endroit, *1 m. envers, 1 m. endroit, 9 m. envers*, 2 m. endroit.
Rang 11 : 2 m. envers, *10 m. endroit, 1 m. envers*, 2 m. envers.

Cette première partie du zigzag est inclinée à gauche. Au rang suivant, inclinez la deuxième partie du zigzag vers la droite durant les 9 rangs suivants. Reprenez ensuite au rang 1, en inclinant le zigzag vers la gauche.

LE POINT DE DRAPEAUX

Comme tous les autres points de cette série, celui-ci est constitué de points endroit et envers qui se déplacent et forment une suite de drapeaux. Il se tricote sur un nombre de mailles multiple de 9 + 1 maille lisière de chaque côté pour l'échantillon.

Rang 1 : 1 m. lisière, *8 m. endroit, 1 m. envers*, 1 m. lisière.
Rang 2 : 1 m. lisière, *2 m. endroit, 7 m. envers*, 1 m. lisière.
Rang 3 : 1 m. lisière, *6 m. endroit, 3 m. envers*, 1 m. lisière.
Rang 4 : 1 m. lisière, *4 m. endroit, 5 m. envers*, 1 m. lisière.
Rang 5 : 1 m. lisière, *4 m. endroit, 5 m. envers*, 1 m. lisière.
Rang 6 : 1 m. lisière, *6 m. endroit, 3 m. envers*, 1 m. lisière.
Rang 7 : 1 m. lisière, *2 m. endroit, 7 m. envers*, 1 m. lisière.
Rang 8 : 1 m. lisière, *8 m. endroit, 1 m. envers*, 1 m. lisière.
Répétez ces huit rangs.

Les deux bonnets et le béret

LE BONNET ÉCRU

Taille

3-6 mois

Fournitures

50 g de Mérinos
(50 g = 125 m) d'Anny Blatt, coloris au choix

Aiguilles n° 3

Point employé

Point mousse : tous les rangs à l'endroit

Échantillon

10 x 10 cm au point mousse avec les aiguilles n° 3
= 24 m. et 44 rangs

LE BONNET ÉCRU AU POINT MOUSSE

RÉALISATION

Montez 82 m. sur les aiguilles et tricotez 13 cm au point mousse, puis répartissez 10 diminutions sur un rang de la façon suivante : 1 m. lisière, *6 m. endroit, 2 m. ensemble*, répétez de * à * 10 fois au total, 1 m. lisière.
Répétez ces diminutions encore 6 fois tous les 4 rangs, en les plaçant les unes au-dessus des autres. Coupez le fil, puis passez-le dans les 12 m. restantes et serrez pour fermer.

FINITIONS

Repassez légèrement à la vapeur.
Assemblez les deux côtés par une couture maille à maille, puis repliez le bord pour le revers.

CONSEIL

Pour obtenir un bonnet de taille supérieure, ajoutez 8 m. et faites 11 diminutions.
Pour un bonnet plus petit, enlevez 8 m. et faites 9 diminutions.

LE BONNET POINTU AVEC POMPON

Taille

12-18 mois

Fournitures

100 g de Mérinos (50 g = 125 m) d'Anny Blatt, coloris au choix

Aiguilles n° 3

Point employé

Jersey endroit : 1 rang endroit, 1 rang envers

Échantillon

10 x 10 cm en jersey endroit avec les aiguilles n° 3 = 24 m. et 22 rangs

LE BÉRET CORAIL AVEC POMPON

Taille

12-18 mois

Fournitures

100 g de Croisière Superwash (50 g = 95 m) de Bouton d'Or, coloris au choix

Aiguilles n°s 3 et 4

Points employés

Côtes 1/1 : 1 m. endroit, 1 m. envers

Point de riz : *1 m. endroit et 1 m. envers*, contrariées tous les rangs

Échantillon

10 x 10 cm au point de riz avec les aiguilles n° 4 = 20 m. et 32 rangs

LE BONNET POINTU EN JERSEY AVEC POMPON

RÉALISATION

Montez 102 m. sur les aiguilles et tricotez 15 cm en jersey, puis répartissez 10 diminutions sur un rang de la façon suivante : 1 m. lisière, *8 m. endroit, 2 m. ensemble à l'endroit*, répétez de * à * 10 fois au total, 1 m. lisière.

Répétez ces diminutions encore 8 fois tous les 4 rangs, en les plaçant les unes au-dessus des autres. Ensuite, coupez le fil, passez-le dans les 12 m. restantes et serrez pour fermer.

FINITIONS

Repassez légèrement à la vapeur.

Fermez le bonnet par une couture maille à maille.

Faites un pompon (voir p. 184) et fixez-le au sommet du bonnet.

LE BÉRET CORAIL AU POINT DE RIZ AVEC POMPON

RÉALISATION

Montez 91 m. sur les aiguilles n° 3 et tricotez 12 rangs en côtes 1/1 en répartissant 37 augmentations sur le dernier rang. On obtient 128 m.

Avec les aiguilles n° 4, continuez au point de riz pendant 8 cm, puis répartissez 12 diminutions sur un rang de la façon suivante : 1 m. lisière, *18 m. au point de riz, 3 m. ensemble*, répétez de * à * 6 fois au total, 1 m. lisière.

Répétez ces diminutions encore 8 fois tous les 2 rangs, en les plaçant les unes au-dessus des autres. Ensuite, coupez le fil, passez-le dans les 20 mailles restantes et serrez pour fermer.

FINITIONS

Repassez légèrement à la vapeur.

Fermez le béret par une couture maille à maille.

Faites un pompon (voir p. 184) et fixez-le au sommet du béret.

La veste enfant tricolore

LA VESTE

Taille

2-3 ans

Fournitures

Croisière Superwash (50 g = 95 m) de Bouton d'Or :
– 150 g coloris A (dos et devants)
– 100 g coloris B (manches)
– 50 g coloris C (col)

Aiguilles n°s 3 et 4

5 boutons coordonnés de 1,5 cm de diamètre

Points employés

Point de riz : *1 m. endroit et 1 m. envers*, contrariées tous les rangs.

Point mousse : tous les rangs à l'endroit

Échantillon

10 x 10 cm au point de riz avec les aiguilles n° 4 = 18 m. et 32 rangs

RÉALISATION

DOS

Montez 66 m. en coloris A sur les aiguilles n° 4 et tricotez au point de riz.
À 34 cm de hauteur totale, rabattez toutes les mailles.

DEVANT GAUCHE

Montez 37 m. avec le coloris A sur les aiguilles n° 4 et tricotez 30 m. au point de riz et 7 m. au point mousse pour la bordure.
À 30 cm de hauteur totale, rabattez à gauche pour l'encolure, tous les 2 rangs, 1 fois 11 m., 1 fois 3 m., 1 fois 2 m. et 1 fois 1 m.
À 34 cm de hauteur totale, pour l'épaule, rabattez les 20 m. restantes.

DEVANT DROIT

Il se tricote en vis-à-vis du devant gauche, en formant cinq boutonnières au milieu de la bordure au point mousse, la première à 3 cm du bas et les quatre suivantes espacées de 6,5 cm.

MANCHES

Cousez les épaules. Avec les aiguilles n° 4 et le coloris B, relevez sur le dos et le devant 30 m. sur une hauteur de 17 cm de chaque côté de la couture d'épaule, et 1 m. sur celle-ci.
Tricotez au point de riz sur les 61 m. obtenues, en diminuant de chaque côté 2 fois 1 m. tous les 6 rangs et 8 fois 1 m. tous les 8 rangs.
À 28 cm de hauteur totale, rabattez les 41 m. restantes.

FINITIONS

Repassez légèrement à la vapeur. Fermez les manches et cousez les côtés.
Pour le col, avec les aiguilles n° 3 et le coloris C, relevez 16 m. sur l'encolure du devant droit, en commençant au milieu de la bordure, puis 26 m. sur le dos et 16 m. sur le devant gauche jusqu'au milieu de la bordure. Tricotez 9 cm au point de riz et rabattez souplement les mailles.
Cousez les boutons en vis-à-vis des boutonnières.

LUCE SMITS
Paris

Les côtes

Elles se trouvent le plus souvent à la base des tricots pour les resserrer au niveau de la taille, des hanches et des poignets. Elles sont tricotées avec des aiguilles d'un demi-numéro inférieur à celles utilisées pour le modèle.

Il faut s'efforcer de garder une tension régulière, car le fil travaille d'arrière en avant à toutes les mailles : des côtes trop molles perdraient tout leur intérêt. Il faut savoir aussi que les côtes 1/1 resserrent davantage le tricot que les côtes 2/2.

Plusieurs sortes de côtes sont employées telles quelles pour les tricots « près du corps », les chaussettes, les bonnets, les écharpes, les bandeaux et les plaids en jouant de plusieurs points.

LES CÔTES 1/1

Le nombre de mailles doit être un multiple de 2.

Rang 1 : *1 m. endroit, 1 m. envers*.

Rang 2 : tricotez les mailles comme elles se présentent.

Répétez toujours le rang 2.

CONSEIL

Sur un ouvrage, il est conseillé de monter un nombre impair de mailles afin d'obtenir un travail symétrique.

LES CÔTES 2/2

Le nombre de mailles doit être un multiple de 4.

Rang 1 : *2 m. endroit, 2 m. envers*.

Rang 2 : tricotez les mailles comme elles se présentent.

Répétez toujours le rang 2.

CONSEIL

Il est préférable de monter un nombre de mailles multiple de 4 + 2, ce qui permet d'avoir un travail parfaitement symétrique.

LES CÔTES ANGLAISES

Le nombre de mailles doit être impair + 1 maille lisière de chaque côté.

Rang 1 : 1 m. lisière, toutes les mailles à l'endroit, 1 m. lisière.

Rang 2 : 1 m. lisière, *1 m. endroit, 1 m. double*, 1 m. endroit, 1 m. lisière.

Rang 3 : 1 m. lisière, *1 m. double, 1 m. endroit*, 1m. endroit, 1 m. lisière.

Répétez les rangs 2 et 3.

Pour la maille double, piquez l'aiguille droite dans la maille du rang précédent et tricotez-la à l'endroit.

LES FAUSSES CÔTES ANGLAISES

Le nombre de mailles doit être un multiple de 4 + 3 + 1 maille lisière de chaque côté pour l'échantillon.

Rang 1 : 1 m. lisière, *3 m. endroit, 1 m. envers*, 3 m. endroit, 1 m. lisière.
Rang 2 : 1 m. lisière, *1 m. endroit, 1 m. envers, 2 m. endroit*, 1 m. endroit, 1 m. envers, 1 m. endroit, 1 m. lisière.
Répétez ces deux rangs.

LES CÔTES PERLÉES

Le nombre de mailles doit être un multiple de 5 + 2.

Rang 1 : *2 m. envers, 1 m. endroit, 1 m. envers, 1 m. endroit*, 2 m. envers.
Rang 2 : *2 m. endroit, 3 m. envers*, 2 m. endroit.
Répétez ces deux rangs.
Ce point peut aussi être utilisé sur l'envers, comme il est montré sur les photos ci-dessous.

LES CÔTES PLATES 7/3

Le nombre de mailles doit être un multiple de 10 + 7.

Rang 1 : *7 m. endroit, 3 m. envers*, 7 m. endroit.

Rang 2 : *7 m. envers, 3 m. endroit*, 7 m. envers.

Répétez ces deux rangs.

LES CÔTES PLATES 9/9

Le nombre de mailles doit être un multiple de 18 + 9.

Rang 1 : *9 m. endroit, 9 m. envers*, 9 m. endroit.

Rang 2 : 9 m. envers *, 9 m. endroit, 9 m. envers*.

Répétez ces deux rangs.

LES CÔTES FANTAISIE

Le nombre de mailles doit être un multiple de 6 + 3.

Rang 1 : 1 m. envers, 1 m. endroit, 1 m. envers, *3 m. endroit, 1 m. envers, 1 m. endroit, 1 m. envers *, 3 m. endroit, 1 m. envers, 1 m. endroit, 1 m. envers.

Rang 2 : 1 m. envers, *1 m. endroit, 5 m. envers*, 1 m. endroit, 5 m. envers, 1 m. endroit, 1 m. envers.

Répétez ces deux rangs.

Le pull femme en côtes 9/9

LE PULL

Taille
Large

Fournitures
700 g de Mérinos (50 g = 125 m) d'Anny Blatt, coloris au choix

Aiguilles n°s 3 et $3^{1/2}$

Points employés
Côtes 3/3 : 3 m. endroit, 3 m. envers

Côtes 9/9 : 9 m. endroit, 9 m. envers

Échantillon
10 x 10 cm en côtes 9/9 avec les aiguilles n° $3^{1/2}$ = 27 m. et 34 rangs

RÉALISATION

DOS

Montez 153 m. sur les aiguilles n° 3 et tricotez 10 cm en côtes 3/3, en commençant par 3 m. envers.

Avec les aiguilles n° $3^{1/2}$, continuez en côtes 9/9 en commençant par 9 m. envers.

À 59 cm de hauteur totale, commencez en même temps les épaules et l'encolure. Pour les épaules, rabattez tous les 2 rangs de chaque côté, 3 fois 18 m.

Pour l'encolure, rabattez les 35 m. du milieu et terminez chaque côté séparément en rabattant, côté encolure et tous les 2 rangs, 1 fois 3 m. et 1 fois 2 m.

DEVANT

Commencez comme pour le dos. À 54 cm de hauteur totale, rabattez les 15 m. du milieu pour l'encolure, puis terminez chaque côté séparément en rabattant, côté encolure et tous les 2 rangs, 1 fois 4 m., 1 fois 3 m., 2 fois 2 m. et 4 fois 1 m.

À 59 cm de hauteur totale pour l'épaule, rabattez 3 fois 18 m. tous les 2 rangs.

MANCHES

Montez 87 m. sur les aiguilles n° 3 et tricotez 10 cm en côtes 3/3, en commençant par 3 m. endroit.

Avec les aiguilles n° $3^{1/2}$, continuez en côtes 9/9, en commençant par 3 m. endroit, puis 9 m. envers. Terminez par 3 m. endroit.

Augmentez de chaque côté 18 fois 1 m. tous les 6 rangs.

À 43 cm de hauteur totale, rabattez les 123 m. obtenues.

FINITIONS

Repassez à la vapeur, sur l'envers, toutes les pièces tricotées.
Cousez l'épaule gauche. Avec les aiguilles n° 3, relevez 45 m. sur l'encolure du dos, puis 34 m. sur le côté de l'encolure du devant, 15 m. au milieu et 34 m. sur le deuxième côté. Tricotez 16 cm en côtes 3/3 avec 1 m. lisière de chaque côté sur les 128 m. obtenues, puis rabattez toutes les mailles avec les aiguilles n° $3^{1/2}$ en les tricotant comme elles se présentent.
Fermez l'épaule droite et le col en inversant le sens de la couture à mi-hauteur. Montez les manches sur une hauteur de 23 cm, puis fermez-les ainsi que les côtés du pull.

REMARQUE

Les mailles de l'encolure peuvent être relevées avec un jeu de quatre aiguilles ou avec une aiguille circulaire n° 3. Supprimez alors deux mailles sur le nombre total pour obtenir un multiple de 6. Le col sera tricoté en rond en côtes 3/3. Cette technique, plus sophistiquée, évite une couture dans le col.

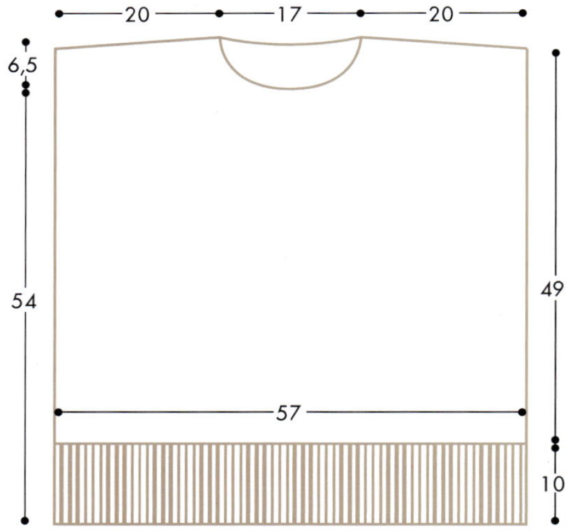

Devant et dos (en cm)

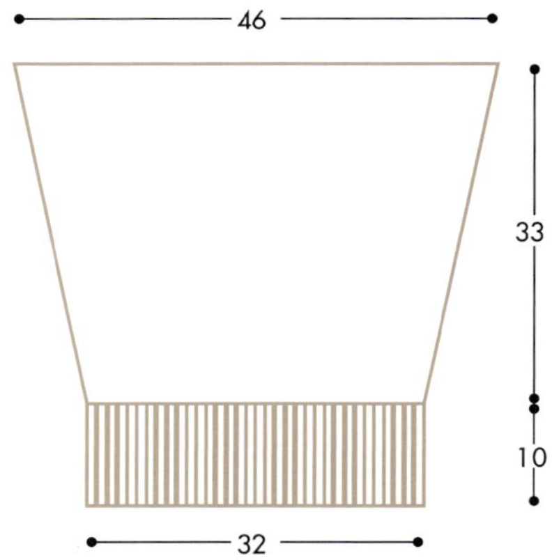

Manche (en cm)

L'écharpe femme/homme en côtes 2/2

L'ÉCHARPE

Dimensions

Écharpe femme :
28 x 160 cm

Écharpe homme :
28 x 220 cm

Fournitures

Laine qualité n° 5
(50 g = 95 m) d'Anny Blatt,
coloris au choix :
– 500 g pour la femme
– 650 g pour l'homme

Aiguilles n° 3

Point employé

Côtes 2/2 : 2 m. endroit,
2 m. envers

Échantillon

10 x 10 cm en côtes 2/2 avec les aiguilles n° 3 = 36 m. et 30 rangs

RÉALISATION

L'ÉCHARPE FEMME

Pour une écharpe destinée à une femme, montez 106 m. sur les aiguilles et tricotez 160 cm en côtes 2/2.
Rabattez ensuite toutes les mailles souplement en les tricotant comme elles se présentent.

L'ÉCHARPE HOMME

Pour une écharpe destinée à un homme, montez 106 m. sur les aiguilles et tricotez 220 cm en côtes 2/2.
Rabattez ensuite toutes les mailles souplement en les tricotant comme elles se présentent.

FINITIONS

Repassez à la vapeur, sur l'envers, l'écharpe terminée.

L'écharpe ou l'étole en côtes fantaisie

L'ÉCHARPE-ÉTOLE

Dimensions

Étole : 55 x 200 cm

Écharpe : 32 x 160 cm

Fournitures

Croisière Superwash
(50 g = 95 m) de Bouton d'Or
– 600 g pour l'étole
– 400 g pour l'écharpe

Aiguilles n° $3^{1/2}$

Point employé

Côtes fantaisie

Échantillon

10 x 10 cm en côtes fantaisie avec les aiguilles n° $3^{1/2}$ = 20 m. et 28 rangs

RÉALISATION

L'ÉTOLE

Montez 111 m. sur les aiguilles et tricotez en côtes fantaisie de la façon suivante :

Rang 1 : *1 m. envers, 1 m. endroit, 1 m. envers, 3 m. endroit*, répétez de * à *, puis terminez le rang par 1 m. envers, 1 m. endroit, 1 m. envers.

Rang 2 : *1 m. envers, 1 m. endroit, 4 m. envers*, 1 m. envers, 1 m. endroit, 1 m. envers.

Répétez ces 2 rangs.

À 200 cm de hauteur totale, rabattez toutes les mailles comme elles se présentent.

L'ÉCHARPE

Montez 63 m. sur les aiguilles et tricotez 160 cm en côtes fantaisie.

FINITIONS

Repassez légèrement, avec de la vapeur, l'écharpe ou l'étole sur l'envers.

Le petit plaid angora en côtes anglaises

LE PETIT PLAID

Dimensions

65 x 160 cm

Fournitures

300 g de Suprême Angor (10 g = 25 m) d'Anny Blatt, coloris au choix

Aiguilles n° 5

Point employé

Côtes anglaises

Échantillon

10 x 10 cm en côtes anglaises avec les aiguilles n° 5 = 16 m. et 30 rangs

REMARQUE

Ce plaid peut également être réalisé avec 500 g de laine Angora 70 % tricotée en double avec des aiguilles n° 6. L'échantillon de 10 x 10 cm sera alors de 14 m. et de 28 rangs.

RÉALISATION

Montez 105 m. sur les aiguilles et tricotez en côtes anglaises de la façon suivante :

Rang 1 : à l'endroit.

Rang 2 : 1 m. lisière, *1 m. endroit, 1 m. double (piquez l'aiguille dans la maille du rang précédent et tricotez-la à l'endroit)*, répétez de * à *, 1 m. endroit, 1 m. lisière.

Rang 3 : 1 m. lisière, *1 m. double, 1 m. endroit*, 1 m. double, 1 m. lisière.

Répétez les rangs 2 et 3.

À 160 cm de hauteur totale, arrêtez souplement toutes les mailles.

FINITIONS

Repassez légèrement, avec de la vapeur, le plaid terminé.

Les torsades

Les torsades sont des points de tricot assez spectaculaires dont les mailles se croisent. Elles sont souvent entourées de mailles en jersey envers, ce qui accentue encore leur relief. Elles se tricotent à l'aide d'une aiguille auxiliaire à deux pointes ou d'une aiguille à torsades avec un coude central. Les applications sont multiples, que ce soit pour des modèles ayant trait au régionalisme, au folklore ou à certaines professions, ou tout simplement liées aux codes nouveaux de la mode et à l'expression personnelle de chacun.

TECHNIQUES ET PRINCIPES DE BASE

Les techniques employées pour réaliser les diverses torsades sont relativement simples mais demandent attention et précision. Les principes de base se répètent souvent suivant les modèles. Les mailles se croisent devant ou derrière le tricot, et se trouvent ainsi inclinées à gauche ou à droite.

1

LES TORSADES CROISÉES À GAUCHE

1 et 2. Glissez plusieurs mailles sur une aiguille auxiliaire ou sur une aiguille à torsades et laissez-les en attente devant le travail.
3. Tricotez une ou plusieurs des mailles suivantes de l'aiguille gauche.
4. Tricotez enfin celles qui sont en attente sur l'aiguille auxiliaire.

2

3

4

LES TORSADES CROISÉES À DROITE

1 et 2. Glissez plusieurs mailles sur une aiguille auxiliaire ou sur une aiguille à torsades, et laissez-les en attente derrière le travail.

3. Tricotez une ou plusieurs des mailles suivantes de l'aiguille gauche.

4. Tricotez enfin celles qui sont en attente sur l'aiguille auxiliaire.

IMPORTANT

Il est indispensable de réaliser un échantillon séparé pour chaque type de torsade ; il faut savoir également qu'un tricot à torsades emploie beaucoup plus de fil qu'un tricot composé de points fantaisie à plat, et qu'il se resserre sensiblement. Il est important d'arrêter les mailles deux par deux pour obtenir un arrêt net qui n'ondulera pas.

Pour les torsades classiques, les mailles torsadées entre des colonnes de mailles jersey envers (ou sur un fond plus large de jersey envers) se croisent toujours dans le même sens, le plus souvent tous les six rangs. Il est plus facile de commencer à apprendre à tricoter les torsades en les croisant à gauche.

LA TORSADE SIMPLE

Le nombre de mailles doit être un multiple de 6 + 2.

Rang 1 : *2 m. envers, 4 m. endroit*, 2 m. envers.

Rangs 2 à 4 : tricotez les mailles comme elles se présentent.

Rang 5 : *2 m. envers, glissez 2 m. en attente sur une aiguille auxiliaire placée devant le travail, tricotez à l'endroit les 2 m. suivantes de l'aiguille gauche puis les 2 m. laissées en attente*, 2 m. envers.

Rang 6 : tricotez les mailles comme elles se présentent.

Répétez ces six rangs.

CONSEIL

Dans le cas des torsades, de même que pour les côtes, il est conseillé de tricoter le même nombre de mailles (envers ou endroit) de chaque côté. Le rendu du tricot n'en sera que plus esthétique.

LA TORSADE SIMPLE SUR UN FOND DE JERSEY ENVERS

Le nombre de mailles doit être un multiple de 20 + 2.

Rang 1 : *2 m. endroit, 2 m. envers, 4 m. endroit, 2 m. envers, 2 m. endroit, 2 m. envers, 4 m. endroit, 2 m. envers*, 2 m. endroit.

Rangs 2 à 4 : tricotez les mailles comme elles se présentent.

Rang 5 : *2 m. endroit, 2 m. envers , glissez 2 m. en attente sur une aiguille auxiliaire placée derrière le travail, tricotez à l'endroit les 2 m. suivantes de l'aiguille gauche puis les 2 m. en attente , 2 m. envers, 2 m. endroit, 2 m. envers , glissez 2 m. en attente devant, tricotez à l'endroit les 2 m. suivantes puis les 2 m. en attente, 2 m. envers *, 2 m. endroit.

Rang 6 : tricotez les mailles comme elles se présentent.

Répétez du rang 3 au rang 6.

Les mailles sont croisées tous les 4 rangs, alternativement à droite (aiguille auxiliaire placée derrière) et à gauche (aiguille auxiliaire placée devant).

LA TORSADE CORDÉE

Elle se tricote sur 6 mailles + 3 mailles envers de chaque côté.

Rang 1 : *3 m. envers, 6 m. endroit*, 3 m. envers .

Rangs 2 à 4 : tricotez les mailles comme elles se présentent.

Rang 5 : *3 m. envers, glissez 3 m. en attente sur une aiguille auxiliaire placée derrière le travail, tricotez à l'endroit les 3 m. suivantes de l'aiguille gauche, puis les 3 m. en attente*, 3 m. envers.

Rangs 6 : tricotez les mailles comme elles se présentent.

Répétez ces six rangs.

LA TORSADE TRESSÉE

Elle se tricote sur 9 mailles + 3 mailles envers de chaque côté.

Rang 1 : *3 m. envers, 9 m. endroit*, 3 m. envers.

Rang 2 et tous les rangs pairs : tricotez toutes les mailles comme elles se présentent.

Rang 3 : *3 m. envers, glissez 3 m. sur une aiguille auxiliaire placée derrière le travail, 3 m. endroit, tricotez à l'endroit les 3 m. en attente puis les 3 m. suivantes de l'aiguille gauche*, 3 m. envers.

Rang 5 : *3 m. envers, 3 m. endroit, glissez 3 m. sur une aiguille auxiliaire placée devant, tricotez à l'endroit les 3 m. suivantes puis les 3 m. en attente*, 3 m. envers.

Répétez du rang 3 au rang 6.

Cette torsade forme une tresse assez serrée.

LA TORSADE NATTÉE

Elle se tricote sur 18 mailles + 5 mailles envers de chaque côté.

Rang 1 : 5 m. envers, 18 m. endroit, 5 m. envers.

Rang 2 et tous les rangs pairs : tricotez toutes les mailles comme elles se présentent.

Rang 3 : 5 m. envers, *glissez 3 m. sur une aiguille auxiliaire placée derrière le travail, tricotez à l'endroit les 3 m. suivantes de l'aiguille gauche puis les 3 m. en attente*, répétez de * à * encore deux fois, 5 m. envers.

Rang 5 : 5 m. envers, 18 m. endroit, 5 m. envers.

Rang 7 : 5 m. envers, 3 m. endroit, *glissez 3 m. en attente sur une aiguille auxiliaire placée devant, tricotez à l'endroit les 3 m. suivantes de l'aiguille gauche puis les 3 m. en attente*, répétez de * à * encore une fois, 3 m. endroit, 5 m. envers.

Répétez ces huit rangs.

LA TORSADE DOUBLE

Également appelée « fer à cheval », la torsade double se tricote sur 12 mailles + 4 mailles envers de chaque côté.

Rang 1 : *4 m. envers, 12 m. endroit*, 4 m. envers.

Rang 2 et tous les rangs pairs : tricotez toutes les mailles comme elles se présentent.

Rang 3 : *4 m. envers, 12 m. endroit*, 4 m. envers.

Rang 5 : *4 m. envers, glissez les 3 m. suivantes sur une aiguille auxiliaire placée derrière, tricotez à l'endroit les 3 m. suivantes de l'aiguille gauche puis les 3 m. en attente, glissez les 3 m. suivantes devant, tricotez à l'endroit les 3 m. suivantes de l'aiguille gauche puis les 3 m. en attente*, 4 m. envers .

Rangs 7, 9 et 11 : répétez le rang 1.

Rang 13 : reprenez au rang 5 et répétez toujours ces huit rangs.

LES TORSADES CROISÉES SUR BASE DE CÔTES 2/2

Le nombre de mailles doit être un multiple de 8 + 2.

Rang 1 : *2 m. envers, 2 m. endroit, 2 m. envers, 2 m. endroit*, 2 m. envers.

Rangs 2 et tous les rangs pairs : tricotez les mailles comme elles se présentent.

Rangs 3 et 5 : répétez le rang 1.

Rang 7 : *2 m. envers, glissez 3 m. sur une aiguille auxiliaire placée devant le travail, tricotez à l'endroit les 3 m. suivantes de l'aiguille gauche puis les 3 m. en attente*, 2 m. envers.

Répétez ces huit rangs.

Pour obtenir une torsade plus allongée, croisez les mailles tous les 10 ou 12 rangs, en tenant compte de la grosseur du fil et de la taille des aiguilles.

LES TORSADES SUR FOND DE POINT DE RIZ

Le nombre de mailles doit être un multiple de 22 + 12.

Rang 1 : *12 m. au point de riz, 10 m. endroit*, 12 m. au point de riz.

Rang 2 et tous les rangs pairs : tricotez les mailles comme elles se présentent.

Rangs 3 et 5 : répétez le rang 1.

Rang 7 : *12 m. au point de riz, 1 m. endroit, glissez 4 m. sur une aiguille auxiliaire placée derrière et tricotez à l'endroit les 4 m. suivantes puis les 4 m. en attente, 1 m. endroit*, 12 m. au point de riz.

Répétez ces huit rangs.

Chaque torsade est bordée d'une maille endroit, ce qui lui permet de se démarquer du fond au point de riz.

REMARQUE

On constate que la gamme des torsades peut être élargie à l'infini, permettant à chacun d'exprimer sa personnalité.

VARIATION ACCENTUANT LE RELIEF SUR JERSEY ENVERS

Cette torsade se croise à intervalles rapprochés pour accentuer le relief, que ce soit sur une base de jersey envers ou sur une base de point de riz.

Montez 12 m. + 1 m. lisière de chaque côté pour l'échantillon.

Rangs 1, 3 et 5 : 1 m. lisière, 12 m. endroit, 1 m. lisière.

Rangs 2, 4, 6 et 8 : tricotez les mailles comme elles se présentent.

Rang 7 : 1 m. lisière, placez 6 m. en attente sur une aiguille auxiliaire derrière, tricotez à l'endroit les 6 m. suivantes de l'aiguille gauche, puis les 6 m. en attente, 1 m. lisière.

Répétez ces huit rangs.

LES ONDES

Ces torsades, dont les mailles se croisent les unes à côté des autres, forment des ondulations semblables aux mouvements du sable des dunes ou à ceux de l'eau d'une rivière.

Le nombre de mailles doit être un multiple de 12 + 1 m. lisière de chaque côté pour l'échantillon .

Rang 1 : 1 m. lisière, 12 m. endroit, 1 m. lisière.

Rangs 2, 4, 6 et 8 : 1 m. lisière, 12 m. envers, 1 m. lisière.

Rang 3 : 1 m. lisière, *glissez 3 m. en attente sur une aiguille auxiliaire devant le travail, tricotez à l'endroit les 3 m. suivantes puis les 3 m. en attente, 6 m. endroit*, 1 m. lisière.

Rang 5 : comme le rang 1.

Rang 7 : 1 m. lisière, *6 m. endroit, 3 m. en attente derrière, 3 m. endroit, tricotez à l'endroit les 3 m. en attente*, 1 m. lisière.

Répétez ces huit rangs.

Le pull enfant à torsades

LE PULL

Taille

12-18 mois

Fournitures

200 g d'Assouan
(50 g = 110 m) d'Anny Blatt, coloris au choix

Aiguilles n°s 2$^{1/2}$ et 3

Aiguille à torsades

3 petits boutons

Points employés

Côtes 2/2 : 2 m. endroit, 2 m. envers

Point mousse : tous les rangs à l'endroit

Point de riz : *1 m. endroit et 1 m. envers*, contrariées tous les rangs

Torsade à droite de 8 m. et 8 rangs

Échantillon

10 x 10 cm au point de riz et torsade avec les aiguilles n° 3 = 26 m. et 34 rangs

RÉALISATION

DOS

Montez 74 m. sur les aiguilles n° 2$^{1/2}$ et tricotez 4 cm en côtes 2/2.
Avec les aiguilles n° 3, tricotez 1 m. lisière, *8 m. au point de riz, 8 m. endroit pour la torsade*, répétez de * à * 4 fois au total, 8 m. au point de riz et 1 m. lisière.

Pour la torsade, tricotez de la façon suivante :

Rangs 1, 3 et 7 : 8 m. endroit.

Rangs 2, 4, 6 et 8 : 8 m. envers.

Rang 5 : glissez 4 m. en attente sur l'aiguille à torsades placée derrière le travail, tricotez à l'endroit les 4 m. suivantes, puis les 4 m. en attente.

Répétez toujours ces 8 rangs.

À 32 cm de hauteur totale, sur l'envers du travail, rabattez 20 m. pour l'épaule droite, puis tricotez les 34 m. suivantes pour l'encolure, et 6 rangs au point mousse sur les 20 m. restantes pour la patte de boutonnage.
Rabattez ces mailles et laissez celles de l'encolure en attente.

DEVANT

Commencez comme pour le dos.
À 28 cm de hauteur totale, laissez les 12 m. du milieu en attente pour l'encolure et continuez sur les mailles de gauche en rabattant à droite, tous les 2 rangs, 1 fois 3 m., 2 fois 2 m. et 4 fois 1 m.
À 32 cm de hauteur totale, rabattez pour l'épaule les 20 m. restantes.
Reprenez les mailles de droite et rabattez les mailles de l'encolure à gauche.
À 30 cm de hauteur totale, tricotez 12 rangs au point mousse pour la patte en formant deux boutonnières (2 m. ensemble, 1 jeté) au 3e rang, la première à 5 m. du bord et la deuxième espacée de 7 m.

MANCHES

Montez 50 m. sur les aiguilles n° $2^{1/2}$ et tricotez 4 cm en côtes 2/2.
Avec les aiguilles n° 3, tricotez *8 m. au point de riz, une torsade de 8 m. en faisant 2 augmentations pour former la 3e m. et une pour former la 6e m.*, 8 m. au point de riz.
Continuez sur les 56 m. obtenues en augmentant de chaque côté 8 fois 1 m. tous les 8 rangs (tricotez ces mailles au point de riz). Comme pour les torsades du devant et du dos, les torsades des manches se feront sur 8 rangs.
À 24 cm de hauteur totale, rabattez les 72 mailles obtenues.

FINITIONS

Repassez légèrement, à la vapeur, sur l'envers, toutes les pièces tricotées.
Fermez l'épaule droite. Avec les aiguilles n° $2^{1/2}$, relevez 18 m. sur le côté droit de l'encolure du devant, puis reprenez les 12 m. du milieu, relevez 18 m. sur le deuxième côté, reprenez les 34 m. de l'encolure du dos et relevez 6 m. sur la patte de boutonnage. Tricotez 2 cm en côtes 2/2, en commençant par 2 m. endroit et en faisant une boutonnière au 3e rang à 2 m. du bord droit.
Superposez les pattes de boutonnage, puis montez les manches sur une hauteur de 14 cm et fermez-les ainsi que les côtés du pull.
Cousez les boutons.

LUCE SMITS
PARIS

Le pull à ondes en laine rustique

LE PULL

Taille
Médium

Fournitures
850 g de Rustique (50 g = 58 m) d'Anny Blatt, coloris au choix

Aiguilles n°s 5 et 6

Aiguille à torsades

Points employés
Côtes torses 1/1 : 1 m. endroit torse, 1 m. envers

Point ondes

Échantillon
10 x 10 cm en point ondes avec les aiguilles n° 6 = 20 m. et 18 rangs

RÉALISATION

DOS

Montez 99 m. sur les aiguilles n° 5 et tricotez 10 cm en côtes torses. Avec les aiguilles n° 6, continuez au point ondes avec 1 m. lisière de chaque côté et en répartissant 11 augmentations au 1er rang : on obtient 110 m.

Rangs 1 et 5 : à l'endroit.
Rangs 2, 4, 6 et 8 : à l'envers.
Rang 3 : *glissez 3 m. en attente sur l'aiguille à torsades devant le travail, tricotez à l'endroit les 3 m. suivantes puis les 3 m. en attente, 6 m. endroit*, répétez de * à *.
Rang 7 : *6 m. endroit, glissez 3 m. en attente derrière, tricotez à l'endroit les 3 m. suivantes, puis les 3 m. en attente*.
Répétez ces 8 rangs.

À 54 cm de hauteur totale, commencez en même temps les épaules et l'encolure. Pour les épaules, rabattez de chaque côté, tous les 2 rangs, 2 fois 13 m. et 1 fois 12 m. À la deuxième diminution, laissez en attente les 24 m. du milieu pour l'encolure.
Terminez chaque côté séparément en laissant en attente, côté encolure et 2 rangs au-dessus, 1 fois 5 m.

DEVANT

Commencez comme pour le dos.
À 47 cm de hauteur totale, laissez en attente les 10 m. du milieu pour l'encolure, puis terminez chaque côté séparément en rabattant, côté encolure et tous les 2 rangs, 1 fois 3 m., 3 fois 2 m. et 3 fois 1 m.
À 54 cm de hauteur totale, rabattez les épaules comme pour le dos.

REMARQUE

Pour obtenir un col cheminée sans couture, relevez les mailles autour de l'encolure avec un jeu de quatre aiguilles ou avec une aiguille circulaire, après avoir supprimé deux mailles sur le nombre total. Tricotez les côtes 1/1 torses en rond jusqu'à la hauteur voulue, arrêtez les mailles souplement comme elles se présentent. La finition sera plus soignée.

MANCHES

Montez 45 m. sur les aiguilles n° 5 et tricotez 10 cm en côtes torses.
Avec les aiguilles n° 6, continuez au point ondes avec 1 m. lisière de chaque côté et en répartissant 13 augmentations au 1er rang : on obtient 58 m.
Augmentez de chaque côté 5 fois 1 m. tous les 2 rangs et 12 fois 1 m. tous les 4 rangs, en formant le point au fur et à mesure.
À 47 cm de hauteur totale, rabattez les 92 mailles obtenues.

FINITIONS

Après avoir épinglé sur l'envers toutes les pièces tricotées, repassez-les à plat avec une pattemouille.
Fermez l'épaule gauche. Avec les aiguilles n° 5, reprenez les 34 m. de l'encolure du dos, puis relevez 21 m. sur le premier côté de l'encolure du devant, reprenez les 14 m. et relevez 21 m. sur le deuxième côté. Tricotez 8 cm en côtes torses 1/1 sur les 90 m. obtenues, puis rabattez-les comme elles se présentent.
Fermez la deuxième épaule et le col. Montez les manches sur une hauteur de 23 cm et fermez-les, ainsi que les côtés du pull.

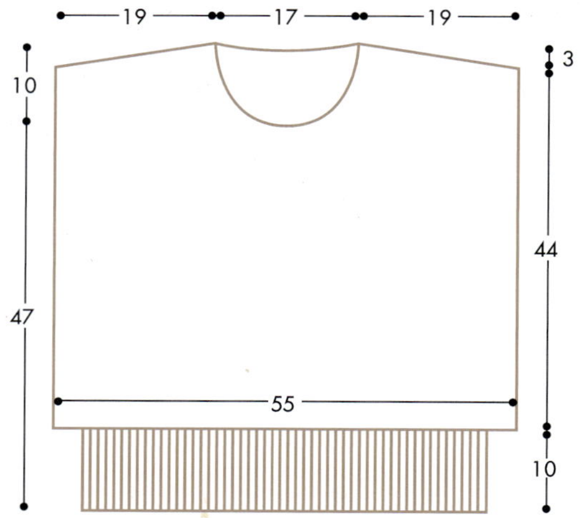

Devant et dos (en cm)

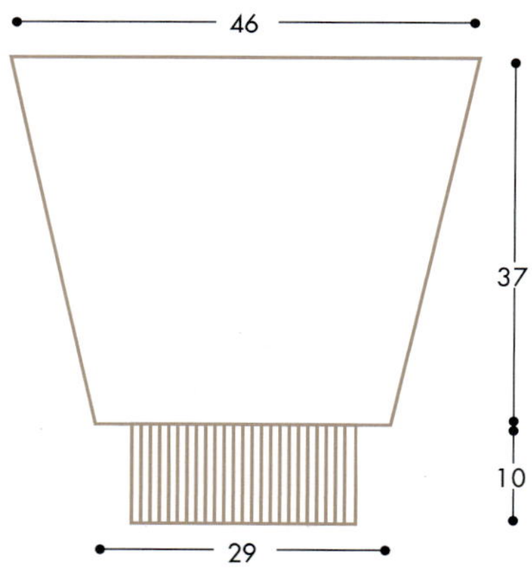

Manche (en cm)

Les points irlandais

Les points irlandais sont le plus souvent des successions de torsades, de mailles croisées, de mailles torses, de mouches, de mouvements ondulants et de losanges, exécutés avec une grande précision dans une laine naturelle unie.

C'est aux îles d'Aran, situées à l'ouest de l'Irlande, qu'ont été créés ces tricots par des femmes, qui filaient elles-mêmes une laine naturelle de grande qualité, souvent huilée, fournie par les nombreux troupeaux de moutons qui peuplaient ces îles. Elles surent agrémenter leurs tricots de nombreux motifs : symboles celtiques, croix, diamants, zigzags, losanges, etc. On y trouve également, depuis le XVIe siècle, des influences d'Europe centrale. La religion a inspiré l'appellation de ces différents points, comme par exemple le point de la Trinité, l'arbre de vie ou l'échelle de Jacob, qui se sont ensuite transmis de génération en génération jusqu'à nos jours.

LE POINT DE LA TRINITÉ

Le nombre de mailles doit être un multiple de 4 + 1 m. lisière de chaque côté pour l'échantillon.

Rang 1 : 1 m. lisière, *tricotez 1 m. endroit, 1 m. envers et 1 m. endroit dans la première maille, 3 m. ensemble à l'envers*, 1 m. lisière.
Rang 2 : à l'envers.
Rang 3 : 1 m. lisière, *3 m. ensemble à l'envers, tricotez 1 m. endroit, 1 m. envers et 1 m. endroit dans la maille suivante*, 1 m. lisière.
Rang 4 : à l'envers.
Répétez ces quatre rangs.

LES RAYONS DE MIEL

Le nombre de mailles doit être un multiple de 8 + 1 m. lisière de chaque côté pour l'échantillon.

Rang 1 : 1 m. lisière, *2 m. envers, 4 m. endroit, 2 m. envers*, 1 m. lisière.

Rangs 2, 6 et 8 : tricotez les mailles comme elles se présentent.

Rang 3 : 1 m. lisière, *glissez 2 m. sur une aiguille auxiliaire placée derrière le travail, tricotez 2 m. endroit, puis à l'envers les 2 m. en attente, glissez 2 m. devant, 2 m. envers, tricotez à l'endroit les 2 m. en attente*, 1 m. lisière.

Rang 5 : 1 m. lisière, *2 m. endroit, 4 m. envers, 2 m. endroit*, 1 m. lisière.

Rang 7 : 1 m. lisière, *glissez 2 m. devant, 2 m. envers, tricotez à l'endroit les 2 m. en attente, glissez 2 m. derrière, 2 m. endroit, tricotez à l'envers les 2 m. en attente*, 1 m. lisière.

Répétez ces huit rangs.

L'ARBRE DE VIE

Chaque motif se tricote sur 16 mailles.

Rang 1 : 6 m. envers, placez 1 m. en attente derrière, 1 m. endroit, tricotez à l'endroit la maille en attente, placez 1 m. en attente devant, 1 m. endroit, tricotez à l'endroit la maille en attente, 6 m. envers.

Rang 2 : 5 m. endroit, placez 1 m. en attente devant, 1 m. envers, tricotez à l'endroit la maille en attente, 2 m. envers, placez 1 m. en attente derrière, 1 m. endroit, tricotez à l'envers la maille en attente, 5 m. endroit.

Rang 3 : 4 m. envers, placez 1 m. en attente derrière, 1 m. endroit, tricotez à l'envers la maille en attente, placez 1 m. en attente derrière,

REMARQUE

Pour les débutants, il peut être plus pratique d'utiliser un petit cure-dents en bois lorsqu'il n'y a qu'une maille à mettre en attente, plutôt qu'une aiguille à deux pointes, plus longue et plus encombrante.

1 m. endroit, tricotez à l'endroit la maille en attente, placez 1 m. en attente devant, 1 m. endroit, tricotez à l'endroit la maille en attente, placez 1 m. en attente devant, 1 m. envers, tricotez à l'endroit la maille en attente, 4 m. envers.

Rang 4 : 3 m. endroit, placez 1 m. en attente devant, 1 m. envers, tricotez à l'endroit la maille en attente, 1 m. endroit, 4 m. envers, 1 m. endroit, placez 1 m. en attente derrière, 1 m. endroit, tricotez à l'envers la maille en attente, 3 m. endroit.

Rang 5 : 2 m. envers, placez 1 m. en attente derrière, 1 m. endroit, tricotez à l'envers la maille en attente, 1 m. envers, placez 1 m. en attente derrière, 1 m. endroit, tricotez à l'envers la maille en attente, 2 m. endroit, placez 1 m. en attente devant, 1 m. envers, tricotez à l'endroit la maille en attente, 1 m. envers, placez 1 m. en attente devant, 1 m. envers, tricotez à l'endroit la maille en attente, 2 m. envers.

Rang 6 : 2 m. endroit, 1 m. envers, 2 m. endroit, 1 m. envers, 1 m. endroit, 2 m. envers, 1 m. endroit, 1 m. envers, 2 m. endroit, 1 m. envers, 2 m. endroit.

Rang 7 : 2 m. envers, 1 mouche ou nope (tricotez 4 m. dans la maille suivante [1 m. endroit, 1 m. envers, 1 m. endroit, 1 m. envers], tournez, tricotez ces 4 m. à l'envers, tournez, tricotez les mailles à l'endroit, tournez, tricotez à l'envers 2 fois 2 m. ensemble, tournez, tricotez à l'endroit les 2 dernières mailles ensemble), 1 m. envers, placez 1 m. en attente derrière, 1 m. endroit, tricotez à l'envers la maille en attente, 1 m. envers, 2 m. endroit, 1 m. envers, placez 1 m. en attente devant, 1 m. envers, tricotez à l'endroit la maille en attente, 1 m. envers, 1 mouche dans la maille suivante, 2 m. envers.

Rang 8 : 4 m. endroit, 1 m. envers, 2 m. endroit, 2 m. envers, 2 m. endroit, 1 m. envers, 4 m. endroit.

Rang 9 : 4 m. envers, 1 mouche dans la maille suivante, 2 m. envers, 2 m. endroit, 2 m. envers, 1 mouche dans la maille suivante, 4 m. envers.

Rang 10 : 7 m. endroit, 2 m. envers, 7 m. endroit.

Répétez ces dix rangs.

LOSANGES À MAILLES CROISÉES, FOND EN POINT DE BLÉ

Chaque motif se fait sur 17 mailles.

Rang 1 : 6 m. envers, 2 m. endroit, 1 m. envers, 2 m. endroit, 6 m. envers.

Rang 2 et tous les rangs pairs : tricotez les mailles comme elles se présentent.

Rang 3 : 6 m. envers, glissez les 3 m. suivantes en attente sur une aiguille auxiliaire placée derrière, 2 m. endroit, replacez la maille envers de l'aiguille auxiliaire sur l'aiguille gauche et tricotez-la à l'envers, puis tricotez les 2 m. restantes à l'endroit, 6 m. envers.

Rang 5 : 5 m. envers, placez 1 m. en attente derrière, 2 m. endroit, tricotez à l'envers la maille en attente, 1 m. endroit, placez les 2 m. suivantes en attente devant, tricotez la maille suivante à l'envers, tricotez les 2 m. en attente à l'endroit, 5 m. envers.

Rang 7 : 4 m. envers, placez 1 m. en attente derrière, 2 m. endroit, tricotez la maille en attente à l'envers, 1 m. endroit, 1 m. envers, 1 m. endroit, glissez 2 m. en attente devant, 1 m. envers, tricotez les 2 m. en attente à l'endroit, 4 m. envers.

Rang 9 : 3 m. envers, placez 1 m. en attente derrière, 2 m. endroit, tricotez la maille en attente à l'envers, 1 m. endroit, 1 m. envers, 1 m. endroit, 1 m. envers, 1 m. endroit, placez 2 m. en attente devant, 1 m. envers, tricotez les 2 m. en attente à l'endroit, 3 m. envers.

Rang 11 : 2 m. envers, placez 1 m. en attente derrière, 2 m. endroit, tricotez la m. en attente à l'envers, 1 m. endroit, 1 m. envers, 1 m. endroit, 1 m. envers, 1 m. endroit, 1 m. envers, 1 m. endroit, placez 2 m. en attente devant, 1 m. envers, tricotez les 2 m. en attente à l'endroit, 2 m. envers.

Rang 13 : 2 m. envers, placez 2 m. en attente devant, 1 m. envers, tricotez les 2 m. en attente à l'endroit, 1 m. envers, 1 m. endroit, 1 m. envers, 1 m. endroit, 1 m. envers, 1 m. endroit, 1 m. envers, placez 1 m. en attente derrière, 2 m. endroit, tricotez la maille en attente à l'envers, 2 m. envers.

Rang 15 : 3 m. envers, placez 2 m. en attente devant, 1 m. envers, tricotez les 2 m. en attente à l'endroit, 1 m. envers, 1 m. endroit, 1 m. envers, 1 m. endroit, 1 m. envers, placez 1 m. en attente derrière, 2 m. endroit, tricotez la maille en attente à l'envers, 3 m. envers.

Rang 17 : 4 m. envers, placez 2 m. en attente devant, 1 m. envers, tricotez les 2 m. en attente à l'endroit, 1 m. envers, 1 m. endroit, 1 m. envers, placez 1 m. en attente derrière, 2 m. endroit, tricotez la maille en attente à l'envers, 4 m. envers.

Rang 19 : 5 m. envers, placez 2 m. en attente devant, 1 m. envers, tricotez les 2 m. en attente à l'endroit, 1 m. envers, placez 1 m. en attente derrière, 2 m. endroit, tricotez la maille en attente à l'envers, 5 m. envers.

Répétez toujours du rang 3 au rang 20.

VARIATION SUR LE THÈME DES LOSANGES CROISÉS

Cette variation est constituée de losanges à mailles croisées avec fond en point de blé et de losanges à mailles croisées avec mouches (ou nopes) sur jersey envers. Le motif se fait sur 13 m. + 2 m. envers de chaque côté pour l'échantillon.

Rang 1 : 6 m. envers, glissez les 3 m. suivantes en attente sur une aiguille auxiliaire placée devant, 2 m. endroit, replacez la maille envers de l'aiguille auxiliaire sur l'aiguille gauche et tricotez-la à l'envers, puis tricotez les 2 m. restantes à l'endroit, 6 m. envers.

Rang 2 et tous les rangs pairs : tricotez les mailles comme elles se présentent.

Rang 3 : 5 m. envers, 1 m. en attente derrière, 2 m. endroit, tricotez à l'envers la maille en attente, 1 m. endroit, 2 m. en attente devant, 1 m. à l'envers, tricotez les 2 m. en attente à l'endroit, 5 m. envers.

Rang 5 : 4 m. envers, 1 m. en attente derrière, 2 m. endroit, tricotez la maille en attente à l'envers, 1 m. endroit, 1 m. envers, 1 m. endroit, 2 m. en attente devant, 1 m. envers, tricotez les 2 m. en attente à l'endroit, 4 m. envers.

Rang 7 : 3 m. envers, 1 m. en attente derrière, 2 m. endroit, tricotez la maille en attente à l'envers, 1 m. endroit, 1 m. envers, 1 m. endroit, 1 m. envers, 1 m. endroit, 2 m. en attente devant, 1 m. envers, tricotez les 2 m. en attente à l'endroit, 3 m. envers.

Rang 9 : 2 m. envers, 1 m. en attente derrière, 2 m. endroit, tricotez la maille en attente à l'envers, 1 m. endroit, 1 m. envers, 1 m. endroit, 1 m. envers, 1 m. endroit, 1 m. envers, 1 m. endroit, 2 m. en attente devant, 1 m. envers, tricotez les 2 m. en attente à l'endroit, 2 m. envers.

Rang 11 : 2 m. envers, 2 m. en attente devant, 1 m. envers, tricotez les 2 m. en attente à l'endroit, 1 m. envers, 1 m. endroit, 1 m. envers, 1 m. endroit, 1 m. envers, 1 m. endroit, 1 m. envers, 1 m. en attente derrière, 2 m. endroit, tricotez la maille en attente à l'envers, 2 m. envers.

Rang 13 : 3 m. envers, 2 m. en attente devant, 1 m. envers, tricotez les 2 m. en attente à l'endroit, 1 m. envers, 1 m. endroit, 1 m. envers, 1 m. endroit, 1 m. envers, 1 m. en attente derrière, 2 m. endroit, tricotez la maille en attente à l'envers, 3 m. envers.
Rang 15 : 4 m. envers, 2 m. en attente devant, 1 m. envers, tricotez les 2 m. en attente à l'endroit, 1 m. envers, 1 m. endroit, 1 m. envers, 1 m. en attente derrière, 2 m. endroit, tricotez la maille en attente à l'envers, 4 m. envers.
Rang 17 : 5 m. envers, 2 m. en attente devant, 1 m. envers, tricotez les 2 m. en attente à l'endroit, 1 m. envers, 1 m. en attente derrière, 2 m. endroit, tricotez la maille en attente à l'envers, 5 m. envers.
Rang 19 : 5 m. envers, 1 m. en attente derrière, 2 m. endroit, tricotez la maille en attente à l'envers, 1 m. endroit, 2 m. en attente devant, 1 m. envers, tricotez les 2 m. en attente à l'endroit, 5 m. envers.
Rang 21 : 5 m. envers, 1 m. en attente derrière, 2 m. endroit, tricotez à l'envers la maille en attente, 1 m. envers, 2 m. en attente devant, 1 m. envers, tricotez les 2 m. en attente à l'endroit, 5 m. envers.
Rang 23 : 4 m. envers, 1 m. en attente derrière, 2 m. endroit, tricotez la maille en attente à l'envers, 3 m. envers, 2 m. en attente devant, 1 m. envers, tricotez les 2 m. en attente à l'endroit, 4 m. envers.
Rang 25 : 4 m. envers, 2 m. endroit, 2 m. envers, 1 nope, 2 m. envers, 2 m. endroit, 4 m. envers.
Rang 27 : 4 m. envers, 2 m. en attente devant, 1 m. envers, tricotez les 2 m. en attente à l'endroit, 3 m. envers, 1 m. en attente derrière, 2 m. endroit, tricotez la maille en attente à l'envers, 4 m. envers.
Rang 29 : 5 m. envers, 2 m. en attente devant, 1 m. envers, tricotez les 2 m. en attente à l'endroit, 1 m. envers, 1 m. en attente derrière, 2 m. endroit, tricotez la maille en attente à l'envers, 5 m. envers.
Répétez ces trente rangs.

LES MAILLES CROISÉES SANS AIGUILLE AUXILIAIRE

Il est possible de croiser des mailles sans l'aide d'une aiguille auxiliaire. Ces mailles accompagnent souvent les points de torsade et les motifs irlandais. Elles se travaillent le plus souvent en diagonale, en zigzag et/ou en losange, délimitant ainsi des sections de points plus importantes. Elles peuvent s'agrémenter de mouches, ou nopes.

MAILLES CROISÉES À DROITE SUR FOND DE JERSEY ENVERS

Positionnez sur le travail la maille endroit et la maille envers à croiser.

1. Tricotez jusqu'à ces mailles.

2. Passez alors le fil derrière le travail et, en passant devant la maille envers, tricotez la maille endroit à l'endroit sans la laisser tomber de l'aiguille gauche.

3 et 4. Repassez le fil devant, tricotez la maille envers à l'envers, puis laissez tomber les deux mailles.

Sur le rang suivant, tricotez les mailles comme elles se présentent.

1

2

3

4

MAILLES CROISÉES À GAUCHE SUR FOND DE JERSEY ENVERS

Positionnez sur le travail la maille envers et la maille endroit à croiser.

1. Tricotez jusqu'à ces mailles.

2. Passez alors le fil devant le travail et, en passant derrière la maille endroit, tricotez la maille envers à l'envers sans la laisser tomber de l'aiguille gauche.

3. Repassez le fil derrière et tricotez à l'endroit la maille endroit. Laissez tomber les deux mailles.

Sur le rang suivant, tricotez les mailles comme elles se présentent.

→

LES MOUCHES

Les mouches (petits points de broderie sur un tissu, aussi appelés « nopes ») sont de gros nœuds, souvent placés sur un fond de jersey envers : on les trouve fréquemment avec les points irlandais. Elles accompagnent également les points torsades à motifs folkloriques. Les mouches se font couramment sur 4 mailles, mais peuvent varier en taille et en couleur, formant contraste avec la couleur du fond de tricot.

LA MOUCHE À 4 MAILLES

1 et 2. Cette mouche se fait sur une maille. Tricotez 4 mailles dans la maille « mouche » comme suit : 1 m. endroit, 1 m. envers, 1 m. endroit, 1 m. envers. Tournez le tricot et tricotez ces 4 mailles à l'envers. Tournez de nouveau et glissez les 2 premières mailles sur l'aiguille droite, tricotez ensemble les 2 mailles suivantes à l'endroit et passez les 2 mailles glissées sur ces 2 mailles tricotées ensemble.

REMARQUE

Sous la mouche se forme toujours un petit trou.

1

→

2

LA MOUCHE À 5 MAILLES

1 et 2. Formez 5 mailles dans la maille « mouche » comme suit : 1 m. endroit, 1 m. envers, 1 m. endroit, 1 m. envers, 1 m. endroit.

3. Tournez le tricot et tricotez ces 5 mailles à l'envers, tournez de nouveau et tricotez ces 5 mailles à l'endroit, puis tournez et tricotez les 5 mailles à l'envers.

4 et 5. Tournez encore et passez une à une les 4 mailles au-dessus de la cinquième, en commençant par la maille la plus proche. Finissez le rang.

LES MAILLES TORSES

Les mailles torses accentuent sensiblement le relief des mailles endroit placées sur fond de jersey envers ; elles accentuent la structure des côtes 1/1 (voir photo ci-contre), et forment également des familles de points accompagnant des panneaux de points de torsades simples ou les différents points fantaisie que l'on retrouve sur les tricots irlandais.

LA MAILLE TORSE ENDROIT

REMARQUE

Déplacées en diagonales, les mailles torses peuvent former des serpentins, des zigzags ou des bords de torsades. En jouant avec des côtes torses 1/1 et des côtes 1/1 normales, on obtient une mosaïque de points à relief, contrastés par des points de côtes 1/1 pouvant être décalés en points de riz ou en points de blé.

1 et 2. Piquez l'aiguille droite dans le brin arrière de la maille, tricotez la maille à l'endroit.

→

LA MAILLE TORSE ENVERS

1 et 2. Piquez l'aiguille droite dans le brin arrière de la maille, tricotez la maille à l'envers.

VARIANTE

Pour réaliser des côtes 1/1 torses, que ce soit sur les rangs endroit ou sur les rangs envers, tricotez les mailles endroit torses et les mailles envers normalement.

→

Le pull marin pour homme

LE PULL

Taille
Large

Fournitures
700 g de Croisière Superwash (50 g = 95 m) de Bouton d'Or, coloris au choix
Aiguilles n°s 3 et 4

Points employés
Côtes 2/2 : 2 m. endroit, 2 m. envers
Point fantaisie (voir grille)
Point de godron sur 6 rangs

Échantillon
10 x 10 cm au point fantaisie = 22 m. et 34 rangs

RÉALISATION

DOS

Montez 118 m. sur les aiguilles n° 3 et tricotez 8 cm en côtes 2/2, en répartissant 17 augmentations sur le dernier rang.
Avec les aiguilles n° 4, continuez au point fantaisie avec 1 m. lisière de chaque côté.
À 64 cm de hauteur totale, tricotez 15 rangs au point de godron de la façon suivante : *1 rang endroit, 1 rang envers, 2 rangs endroit, 1 rang envers, 1 rang endroit*, répétez de * à *, puis rabattez les mailles.

DEVANT

Commencez comme pour le dos.
À 60 cm de hauteur totale, rabattez les 17 m. du milieu pour l'encolure et terminez chaque côté séparément en rabattant, côté encolure et tous les 2 rangs, 1 fois 3 m., 2 fois 2 m., 3 fois 1 m.
À 64 cm de hauteur totale, tricotez les 15 rangs au point de godron, puis rabattez les 49 m. de l'épaule en une fois.

MANCHES

Montez 42 m. sur les aiguilles n° 3 et tricotez 6 cm en côtes 2/2.
Avec les aiguilles n° 4, continuez au point fantaisie, en commençant en A de la grille et en répartissant 29 augmentations sur le 1er rang.
En même temps, augmentez de chaque côté 18 fois 1 m. tous les 8 rangs. À 49 cm de hauteur totale, rabattez les 107 m. obtenues.

REMARQUE
Pour une finition plus « couture », relevez les mailles de l'encolure avec une aiguille circulaire n° 3 ou un jeu de quatre aiguilles n° 3 : 37 m. sur le dos , 17 m. sur le premier côté, 17 m. au centre, 17 m. sur le second côté. Tricotez en rond en côtes 2/2 sur 4 cm et arrêtez toutes les mailles souplement comme elles se présentent.

FINITIONS

Rentrez les fils et repassez à la vapeur, sur l'envers, toutes les pièces.
Cousez l'épaule gauche. Avec les aiguilles n° 3, relevez 37 m. sur l'encolure du dos, puis 18 m. sur le premier côté de l'encolure du devant, 17 m. au milieu et 18 m. sur le deuxième côté.

Tricotez 4 cm en côtes 2/2 sur les 90 m. obtenues, puis rabattez les mailles comme elles se présentent. Cousez la deuxième épaule et la bordure d'encolure. Montez les manches sur une hauteur de 24 cm, puis fermez-les ainsi que les côtés.

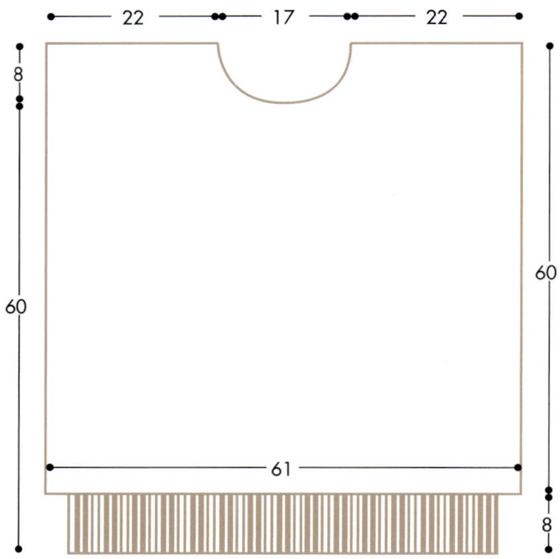

Devant et dos (en cm)

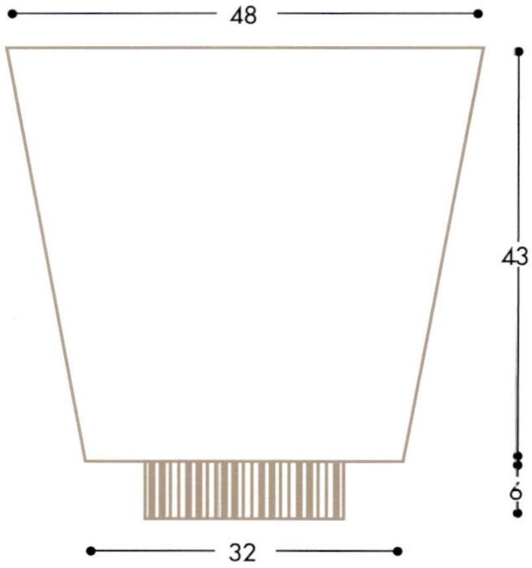

Manche (en cm)

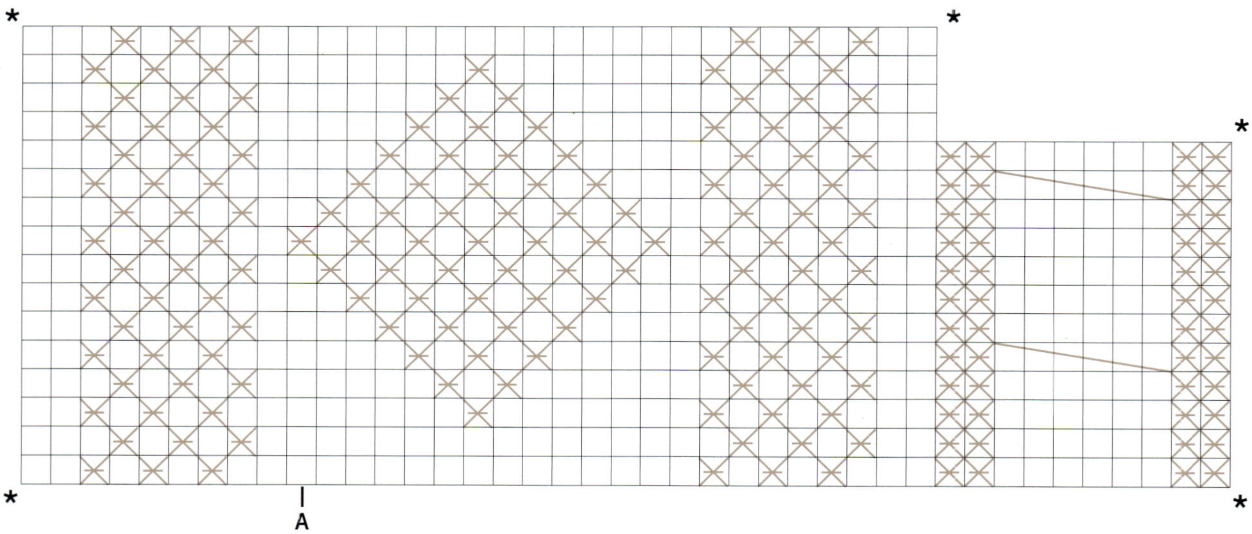

Grille point fantaisie

1 m. à l'envers sur l'endroit et à l'endroit sur l'envers.

1 m. à l'endroit sur l'endroit et à l'envers sur l'envers.

glissez 3 m. en attente sur une aiguille à torsades, devant le travail, tricotez à l'endroit les 3 m. suivantes, puis les 3 m. en attente. Répétez de * à *.

Les poignets manchons «dandy»

LE MANCHON

Fournitures

100 g de Dandy
(50 g = 80 m) de Bouton d'Or, coloris au choix

Aiguilles n° 6

Points employés

Jersey envers : 1 rang envers, 1 rang endroit

Arbre de vie (voir pp. 112-113)

RÉALISATION

Montez 32 m. sur les aiguilles et tricotez 6 cm en jersey envers, puis tricotez 8 m. en jersey envers, les 16 m. du motif arbre de vie et 8 m. en jersey envers.
Tricotez trois motifs, puis 2 cm en jersey envers et rabattez souplement les mailles.

FINITIONS

Repassez avec de la vapeur, sur l'envers, les deux pièces tricotées, en frôlant le motif arbre de vie.
Assemblez les deux côtés par une couture maille à maille.

Le tricot en couleur

Par la couleur, le tricot s'agrémente de rayures, régulières ou irrégulières, de motifs de toutes sortes, répétés ou non : jacquard, dessins péruviens, intarsia...

LES RAYURES

Les rayures se forment en employant plusieurs couleurs de fils. Le changement de fil doit toujours se faire en début de rang, et les fils sont rentrés avec une aiguille à laine. Ils peuvent également être tissés dans le tricot. Il est important de laisser environ 10 cm de fil à chaque changement de couleur, afin que les bouts puissent être rentrés facilement.

Le changement de couleur forme des rayures nettes sur le jersey endroit, mais se traduit par un effet irrégulier sur le jersey envers à chaque premier rang travaillé dans une nouvelle couleur.

RENTRER LES FILS

1 à 3. Enfilez le fil à rentrer sur une aiguille à laine (à bout rond). Passez l'aiguille à travers les mailles sur l'envers du travail sur 5 à 7 cm, puis coupez le reste du fil.

→

→

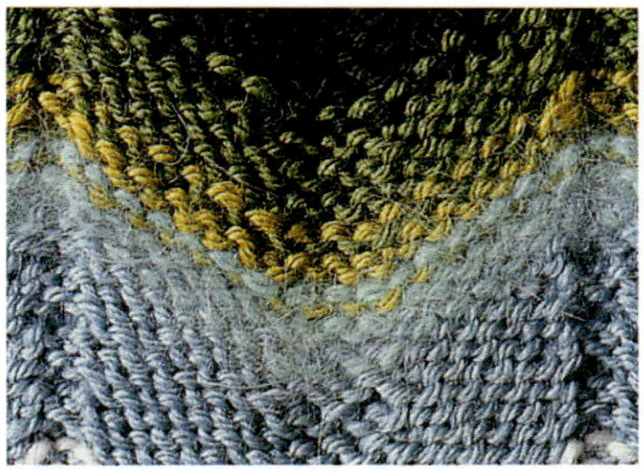

LES CHEVRONS CLASSIQUES EN RAYURES

C'est un effet fantaisie qui permet d'utiliser les restes de laine de textures et de couleurs différentes, les chevrons classiques se montant au gré des envies. Si les matières peuvent être diverses (mohair, angora, soie, lacet, laine), il est primordial d'utiliser des fils de même grosseur.

Montez un nombre de mailles multiples de 16 + 1.
Rang 1 : *1 m. endroit, 2 m. ensemble à l'endroit, 5 m. endroit, 1 augmentation intercalaire, 1 m. endroit, 1 augmentation intercalaire, 5 m. endroit, 1 surjet simple*, 1 m. endroit.
Rang 2 : tricotez les mailles à l'envers.
Répétez toujours ces deux rangs, en changeant de fil autant de fois que vous le désirez. Le motif chevrons peut constituer l'endroit aussi bien que l'envers du tricot. Les triangles de départ et de fin auront un charme spécifique : à l'encolure et sur le bord des manches, ils pourront être nivelés par plusieurs rangs de jersey ou de point mousse sans diminution ni augmentation.

LES POINTS ONDULANTS

Les points ondulants constituent une variante amusante des chevrons classiques. Dans ce cas, le nombre de mailles doit être un multiple de 18 + 1.
Rang 1 : *1 m. endroit, 1 augmentation à l'envers, 6 m. envers, 2 m. ensemble à l'envers, 1 m. endroit, 2 m. ensemble à l'envers, 6 m. envers, 1 augmentation à l'envers*, 1 m. endroit.
Rang 2 : 1 m. envers, *8 m. endroit, 1 m. envers, 8 m. endroit, 1 m. envers*.
Répétez ces deux rangs.

LES JACQUARDS

REMARQUE
Le jacquard se tricote le plus souvent en jersey endroit, les doigts de la main droite manipulant l'un ou l'autre fil. Avec un peu d'entraînement, il est possible de se servir des deux mains, tant pour le jacquard à petits motifs que pour le jacquard à grands motifs. Le fil sur l'index de la main droite guide la couleur de base, le fil sur l'index de la main gauche aide au changement des couleurs.

Le tricot jacquard se caractérise par une composition de plusieurs motifs, avec au moins deux couleurs par rang. Nous devons ce nom à Joseph-Marie Jacquard (1752-1834), qui inventa, à l'aube de l'ère industrielle, le métier jacquard, qui permettait pour la première fois le tissage simultané de plusieurs dessins employant des couleurs différentes. Ce système, qui révolutionnait les techniques de tissage traditionnelles, fut par la suite adapté aux machines à tricoter en intégrant à celles-ci un système de cartes perforées qui les rendait plus performantes et permettait d'introduire deux couleurs, et davantage par la suite.

Suivant les modèles de jacquard, les dessins ornent en totalité ou partiellement les tricots. S'agissant de petits motifs, le plus souvent géométriques, on parle de tricots shetland (du nom des îles situées au nord de la Grande-Bretagne) ; ils sont réalisés avec des fils du pays, qui se distinguaient à l'origine par des couleurs rappelant l'environnement particulier de ces îles. Les motifs péruviens, reproduits sur les bonnets et ponchos andins répandus au moment de la période hippie, font également partie de la famille des jacquards.

Les motifs préconisés pour la réalisation d'un jacquard sont souvent dessinés sur une feuille de papier quadrillé, chaque carré représentant une maille, et chaque ligne un rang. Plusieurs symboles sont employés pour représenter couleurs et motifs. La lecture de ces grilles guide l'insertion du motif. Vous trouverez page 209 une grille vierge pour composer vos propres motifs

Manuellement, de nombreuses méthodes permettent de travailler le jacquard. Les changements de couleurs se font sur l'envers, en cours de rang. Les motifs sont traditionnellement tricotés au point de jersey. On croise les fils à chaque changement de couleur pour éviter les trous dans le tricot.

Deux méthodes sont couramment employées pour la réalisation des jacquards en fonction de la taille des motifs, le jacquard simple et le jacquard double.

LE JACQUARD SIMPLE

Pour les petits motifs ne dépassant pas 5 mailles, les fils de couleur suivent souplement et se croisent sur l'envers du travail, en flottant à chaque changement de couleur. On parle alors de jacquard simple. Le jacquard simple se forme sur l'endroit, les fils de différentes couleurs se trouvant sur l'arrière.

1 à 3. Tricotez les motifs en suivant la grille pour la répartition des coloris sur les mailles.
4 et 5. Sur l'envers, maintenez le fil en attente de la main gauche, tout en tricotant les mailles avec le deuxième coloris.

IMPORTANT

Il est important de maintenir une tension régulière tout au long du tricot. Trop tendre les fils entraîne un effet de mailles tordues et un resserrage en largeur ; une tension trop lâche entraîne le flottement des mailles entre les différentes couleurs.

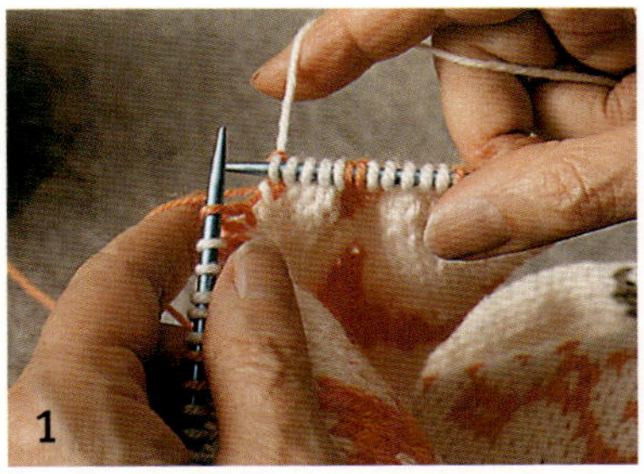
1

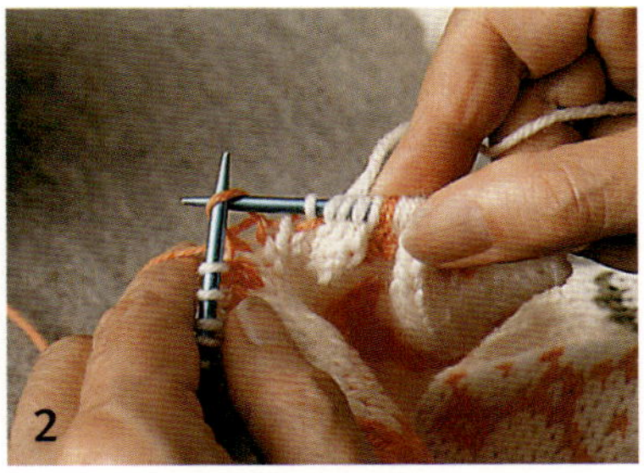
2

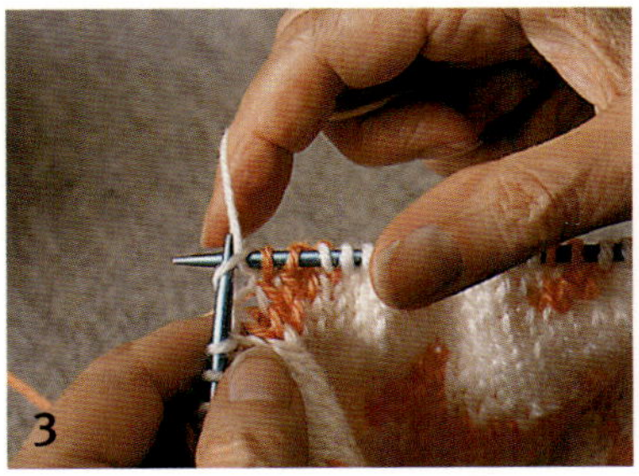
3

4

5

LE JACQUARD DOUBLE

On parle de jacquard double, ou encore de jacquard tissé, lorsque les motifs à insérer dépassent 7 mailles. Les fils de couleur sont « tissés » à même le tricot, sur l'envers. Ils se croisent de manière permanente, une maille sur deux, donnant ainsi une double épaisseur au tricot. Ce travail resserre davantage l'ouvrage, et évite les larges flottements gênants sur l'envers.

Sur l'endroit, piquez l'aiguille dans la maille, puis passez le fil non utilisé sous le fil qui va être tricoté et par-dessus l'aiguille gauche.

1 et 2. Terminez de tricoter la maille, sans passer le deuxième fil, puis tricotez la maille suivante normalement : les fils vont ainsi se croiser toutes les deux mailles.

3. Sur les rangs envers, passez le fil qui est en attente devant celui qui va être tricoté, puis entre les deux pointes des aiguilles.

4. Tricotez ensuite la maille à l'envers, en gardant le fil en attente devant le travail.

REMARQUE

Rappelons que les différents fils employés ne sont jamais noués entre eux à leur extrémité, mais rentrés à l'aide d'une aiguille à laine, soit dans la lisière, soit sur l'envers d'un rang. Un repassage vapeur égalisera les quelques irrégularités.

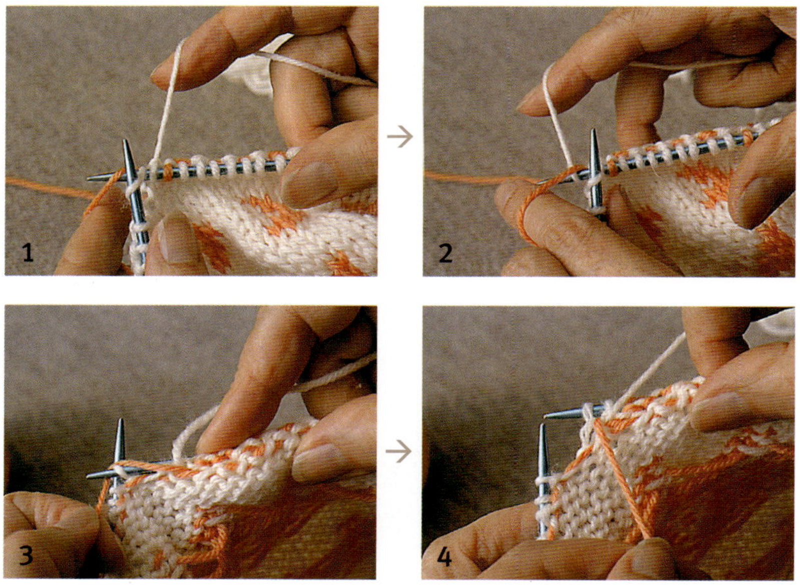

L'INTARSIA

Comme pour le jacquard, les intarsias, aussi appelés « motifs isolés », sont dessinés sur des grilles servant de modèle à leur réalisation. On doit, comme pour le jacquard encore, croiser les fils sur l'envers du tricot pour éviter les trous aux changements de couleurs. Il est pratique de préparer des petits pelotons de fils des couleurs employées pour travailler plus commodément. Des bobinettes (sardines) prévues à cet effet sont disponibles dans les merceries ; on peut, à défaut, utiliser des morceaux de carton que l'on entoure de fils différents.

NE PAS EMMÊLER LES FILS

1 à 5. Disposez les pelotons les uns à côté des autres, dans l'ordre défini par le motif à réaliser. Ensuite, tricotez en croisant les fils sur l'endroit et sur l'envers à chaque changement de coloris. Essayez de croiser les fils en changeant de sens à chaque fois pour éviter que les pelotons ne s'emmêlent. Décroisez les fils à chaque rang.

1

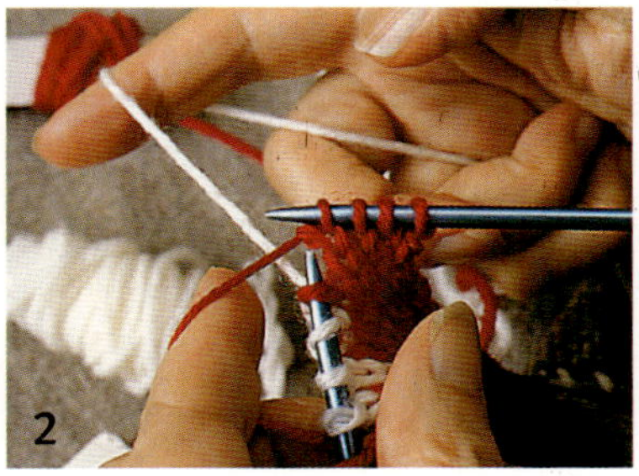
2

3

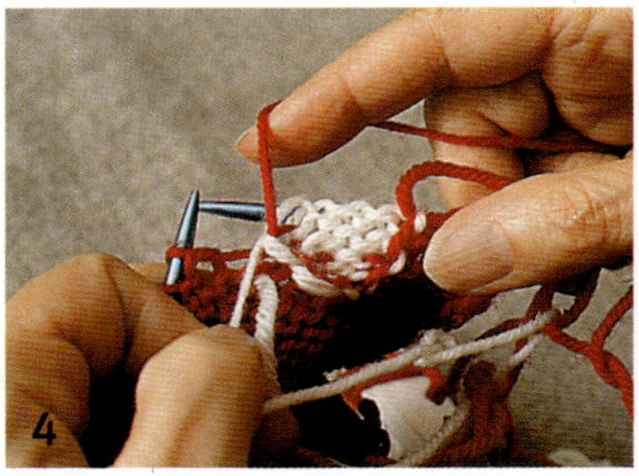
4

5

LES ENTRELACS

Cette technique désigne une procédure à part dans le tricot en couleurs puisqu'il s'agit d'une forme de patchwork. Le tricot se compose ici de rectangles de couleurs différentes, tricotés individuellement puis reliés entre eux au cours du travail. Les entrelacs, exécutés le plus souvent en différentes couleurs, peuvent aussi être d'une seule couleur et agrémentés de points fantaisie.

Techniques et principes de base

Les entrelacs requièrent une base de triangles reliés entre eux et formant un bord horizontal. Le nombre de mailles employées pour chacun de ces triangles définit par la suite la taille des entrelacs.

Il est indispensable d'exécuter un échantillon assez important ; il servira de base de calcul pour le tricot à réaliser, qu'il s'agisse d'une housse de coussin, d'un plaid ou d'un cardigan. Le point à entrelacs ayant tendance à se détendre, un repassage de l'échantillon est nécessaire avant de commencer l'exécution du modèle.

Dans le cas d'un pull-over, il faut privilégier une forme carrée, les entrelacs ne permettant pas les arrondis.

L'échantillon

Pour l'échantillon, montez 40 mailles souplement et commencez par une rangée de triangles.

Premier triangle

Rangs 1 et 2 : 2 m. endroit (laissez les mailles restantes en attente), tournez, 2 m. envers, tournez.

Rangs 3 et 4 : 3 m. endroit, tournez, 3 m. envers, tournez.

Rangs 5 et 6 : 4 m. endroit, 4 m. envers.

Rangs 7 et 8 : 5 m. endroit, 5 m. envers.

Rangs 9 et 10 : 6 m. endroit, 6 m. envers.

Rangs 11 et 12 : 7 m. endroit, 7 m. envers.

Rangs 13 et 14 : 8 m. endroit, 8 m. envers.

Rangs 15 et 16 : 9 m. endroit, 9 m. envers.

Rang 17 : 10 m. endroit ; laissez ces mailles en attente sur l'aiguille droite.

Formez les trois triangles suivants comme le premier, en gardant à chaque fois les mailles en attente. Tricotez ensuite une première rangée de rectangles avec un triangle de chaque côté.

Triangle du bord gauche

Rangs 1 et 2 : 2 m. envers, tournez, glissez 1 m., 1 m. endroit, tournez.

Rangs 3 et 4 : 2 m. envers dans la 1re maille en piquant l'aiguille dans le brin arrière puis dans le brin avant (= 1 augmentation), 2 m. ensemble à l'envers, tournez, glissez 1 m., 2 m. endroit, tournez.

Rangs 5 et 6 : 2 m. envers dans la 1re maille, 1 m. envers, 2 m. ensemble à l'envers, tournez, glissez 1 m., 3 m. endroit.

Rangs 7 et 8 : 2 m. envers dans la 1re maille, 2 m. envers, 2 m. ensemble à l'envers, tournez, glissez 1 m., 4 m. endroit.

Rangs 9 et 10 : 2 m. envers dans la 1re maille, 3 m. envers, 2 m. ensemble à l'envers, tournez, glissez 1 m., 5 m. endroit.

Rangs 11 et 12 : 2 m. envers dans la 1re maille, 4 m. envers, 2 m. ensemble à l'envers, tournez, glissez 1 m., 6 m. endroit.

Rangs 13 et 14 : 2 m. envers dans la 1re maille, 5 m. envers, 2 m. ensemble à l'envers, tournez, glissez 1 m., 7 m. endroit.

Rangs 15 et 16 : 2 m. envers dans la 1re maille, 6 m. envers, 2 m. ensemble à l'envers, tournez, glissez 1 m., 8 m. endroit.

Rang 17 : 2 m. envers dans la 1re maille, 7 m. envers, 2 m. ensemble à l'envers. Laissez les 10 mailles en attente sur l'aiguille.

Premier rectangle

Le travail étant sur l'envers, relevez à la suite, sur l'aiguille droite, 10 m. au bord du 4e triangle de base, en piquant l'aiguille de l'arrière vers l'avant du travail et en les tricotant à l'envers ; tournez.

Rangs 1 et 2 : glissez 1 m., 9 m. endroit, tournez, 9 m. envers, 2 m ensemble à l'envers (la dernière des 10 m. et 1 m. du triangle suivant), tournez.

Répétez encore 9 fois ces deux rangs (jusqu'à épuisement des mailles du triangle), puis laissez ces 10 m. en attente sur l'aiguille droite.

Formez les deux rectangles suivants de la même façon, en relevant les mailles sur le 3e puis sur le 2e triangle de base.

Triangle du bord droit

Relevez (comme pour le rectangle) 10 m. sur le 2e côté du premier triangle de base ; tournez.

Rangs 1 et 2 : 10 m. endroit, tournez, 8 m. envers, 2 m. ensemble à l'envers.

Rangs 3 et 4 : 9 m. endroit, tournez, 7 m. envers, 2 m. ensemble à l'envers.

Rangs 5 et 6 : 8 m. endroit, tournez, 6 m. envers, 2 m. ensemble à l'envers.

Rangs 7 et 8 : 7 m. endroit, tournez, 5 m. envers, 2 m. ensemble à l'envers.

Rangs 9 et 10 : 6 m. endroit, tournez, 4 m. envers, 2 m. ensemble à l'envers.

Rangs 11 et 12 : 5 m. endroit, tournez, 3 m. envers, 2 m. ensemble à l'envers.

Rangs 13 et 14 : 4 m. endroit, tournez, 2 m. envers, 2 m. ensemble à l'envers.

Rangs 15 et 16 : 3 m. endroit, tournez, 1 m. envers, 2 m. ensemble à l'envers.

Rangs 17 et 18 : 2 m. endroit, tournez, 2 m. ensemble à l'envers, laissez la maille restante en attente.

Continuez en tricotant une 2e rangée de rectangles.

Premier rectangle

Avec l'aiguille droite, relevez 9 m. sur l'endroit du bord intérieur du triangle ; tournez.

Rangs 1 et 2 : glissez 1 m., 9 m. envers, tournez, 9 m. endroit, 1 surjet simple en prenant 1 m. du rectangle de la 1re rangée, tournez.

Répétez 9 fois ces deux rangs, puis laissez les 10 m. en attente sur l'aiguille droite.

Formez les trois autres rectangles de la même façon, en relevant les mailles au bord des rectangles suivants.

Répétez ces rangées de rectangles jusqu'à obtenir la hauteur désirée.

Pour terminer l'ouvrage, deux solutions peuvent se présenter, qui sont fonction du nombre de rangées de rectangles.

Le nombre des rangées de rectangles est pair...

Le travail se présente sur l'envers. La dernière rangée se compose de grands triangles avec un petit triangle de chaque côté.

• Petit triangle de gauche

Rangs 1 et 2 : 2 m. ensemble à l'envers, tournez, 1 m. endroit, 1 augmentation, tournez.

Rangs 3 et 4 : glissez 1 m., 2 m. ensemble à l'envers, tournez, 2 m. endroit, 1 augmentation, tournez.

Rangs 5 et 6 : glissez 1 m., 1 m. envers, 2 m. ensemble à l'envers, tournez, 3 m. endroit, 1 augmentation.

Rangs 7 et 8 : glissez 1 m., 2 m. envers, 2 m. ensemble à l'envers, tournez, 4 m. endroit, 1 augmentation.

Rangs 9 et 10 : glissez 1 m., 3 m. envers, 2 m. ensemble à l'envers, tournez, 5 m. endroit, 1 augmentation.

Rangs 11 et 12 : 2 m. ensemble à l'envers, 3 m. envers, 2 m. ensemble à l'envers, tournez, 5 m. endroit.

Rangs 13 et 14 : 2 m. ensemble à l'envers, 2 m. envers, 2 m. ensemble à l'envers, tournez, 4 m. endroit.

Rangs 15 et 16 : 2 m. ensemble à l'envers, 1 m. envers, 2 m. ensemble à l'envers, tournez, 3 m. endroit.

Rang 17 : 2 fois 2 m. ensemble à l'envers, puis rabattez la 2e m. sur la 1re et laissez la m. restante en attente.

• Grands triangles

Relevez 9 m. au bord du rectangle en piquant l'aiguille de l'arrière vers l'avant du travail.

Rangs 1 et 2 : 10 m. endroit, tournez, 2 m. ensemble à l'envers, 7 m. envers, 2 m. ensemble à l'envers en prenant 1 m. du rectangle suivant.

Rangs 3 et 4 : 9 m. endroit, tournez, 2 m. ensemble à l'envers, 6 m. envers, 2 m. ensemble à l'envers.
Rangs 5 et 6 : 8 m. endroit, tournez, 2 m. ensemble à l'envers, 5 m. envers, 2 m. ensemble à l'envers.
Rangs 7 et 8 : 7 m. endroit, tournez, 2 m. ensemble à l'envers, 4 m. envers, 2 m. ensemble à l'envers.
Rangs 9 et 10 : 6 m. endroit, tournez, 2 m. ensemble à l'envers, 3 m. envers, 2 m. ensemble à l'envers.
Rangs 11 et 12 : 5 m. endroit, tournez, 2 m. ensemble à l'envers, 2 m. envers, 2 m. ensemble à l'envers.
Rangs 13 et 14 : 4 m. endroit, tournez, 2 m. ensemble à l'envers, 1 m. envers, 2 m. ensemble à l'envers.
Rangs 15 et 16 : 3 m. endroit, tournez, 2 fois 2 m. ensemble à l'envers.
Rangs 17 et 18 : 2 m. endroit, tournez, 1 m. envers, 2 m. ensemble à l'envers.
Rangs 19 et 20 : 2 m. endroit, tournez, glissez 1 m., 2 m. ensemble à l'envers, rabattez la maille glissée sur la maille obtenue et laissez la m. restante en attente.
Tricotez les deux triangles suivants de la même façon.

• Petit triangle de droite

Relevez 9 m. au bord du dernier rectangle.
Rangs 1 et 2 : 10 m. endroit, tournez, 2 m. ensemble à l'envers, 6 m. envers, 2 m. ensemble à l'envers.
Rangs 3 et 4 : 8 m. endroit, tournez, 2 m. ensemble à l'envers, 4 m. envers, 2 m. ensemble à l'envers.
Rangs 5 et 6 : 6 m. endroit, tournez, 2 m. ensemble à l'envers, 2 m. envers, 2 m. ensemble à l'envers.
Rangs 7 et 8 : 4 m. endroit, tournez, 2 fois 2 m. ensemble à l'envers.
Rangs 9 et 10 : 2 m. endroit, tournez, 2 m. ensemble à l'envers.
Coupez le fil et passez-le dans la maille restante.

Le nombre des rangées de rectangles est impair...

Le travail se présente sur l'endroit. La dernière rangée se compose uniquement de grands triangles.

• Premier triangle

Relevez 9 m. sur le bord du triangle.
Rangs 1 et 2 : glissez 1 m., 9 m. envers, tournez, 9 m. endroit, 1 surjet simple en tricotant 1 m. du rectangle.
Rangs 3 et 4 : glissez 1 m., 7 m. envers, 2 m. ensemble à l'envers, tournez, 8 m. endroit, 1 surjet.
Rangs 5 et 6 : glissez 1 m., 6 m. envers, 2 m. ensemble à l'envers, tournez, 7 m. endroit, 1 surjet.
Rangs 7 et 8 : glissez 1 m., 5 m. envers, 2 m. ensemble à l'envers, tournez, 6 m. endroit, 1 surjet.
Rangs 9 et 10 : glissez 1 m., 4 m. envers, 2 m. ensemble à l'envers, tournez, 5 m. endroit, 1 surjet.
Rangs 11 et 12 : glissez 1 m., 3 m. envers, 2 m. ensemble à l'envers, tournez, 4 m. endroit, 1 surjet.
Rangs 13 et 14 : glissez 1 m., 2 m. envers, 2 m. ensemble à l'envers, tournez, 3 m. endroit, 1 surjet.
Rangs 15 et 16 : glissez 1 m., 1 m. envers, 2 m. ensemble à l'envers, tournez, 2 m. endroit, 1 surjet.
Rangs 17 et 18 : glissez 1 m., 2 m. ensemble à l'envers, tournez, 1 m. endroit, 1 surjet simple.
Rangs 19 et 20 : 2 m. ensemble à l'envers, tournez, 1 surjet simple, laissez la maille en attente sur l'aiguille droite.
Tricotez les triangles suivants de la même façon, puis arrêtez la dernière maille du rang.

Les mi-bas en jacquard et la petite écharpe assortie

LES MI-BAS

Pointures

22-23

Fournitures

50 g de Baby'Blatt (50 g = 180 m) d'Anny Blatt, coloris au choix

5 aiguilles à 2 pointes n° 4

Aiguilles n° $2^{1/2}$

Élastique de 1 cm de large

Points employés

Jersey endroit en rond : tous les rangs à l'endroit

Jacquard à petits motifs (voir grille)

Dents de chat

Échantillon

10 x 10 cm en jersey avec les aiguilles n° 4 = 29 m. et 37 rangs

RÉALISATION

LES MI-BAS

Commencez par le haut de la jambe.

Montez 48 m. sur 4 aiguilles en couleur de base, tricotez 8 rangs en jersey, puis 1 rang en dents de chat (*2 m. ensemble à l'endroit, 1 jeté*), 12 rangs en jersey et les rangs de la grille jacquard ; continuez en jersey.

Au 5e rang, commencez les diminutions du mollet. Tricotez 2 m. endroit, 1 surjet simple, 1 m. endroit, 2 m. ensemble et continuez le rang. Répétez ces diminutions encore 2 fois tous les 10 rangs, et continuez droit sur les 42 m. restantes. Coupez le fil.

À 21 cm de hauteur totale, tricotez le talon sur 2 aiguilles : placez sur une aiguille la maille du mollet et les 10 m. de chaque côté, et continuez droit sur les 21 m. obtenues. Tricotez 4,5 cm de la façon suivante : sur l'endroit, tricotez *1 m. endroit, 1 m. glissée* ; sur l'envers, tricotez toutes les mailles à l'envers.

Pour terminer le talon, travaillez de la façon suivante : tricotez 13 m. endroit, 1 surjet simple, tournez, 6 m. envers, 2 m. ensemble à l'envers, tournez, 7 m. endroit, 1 surjet, tournez, 8 m. envers, 2 m. ensemble à l'envers, tournez. Continuez ainsi jusqu'à l'épuisement des mailles en attente, puis reprenez le travail sur 5 aiguilles.

Tricotez 13 m. endroit (marquez la première maille d'un fil repère), puis relevez à la suite 10 m. sur la lisière du talon, reprenez les 21 m. en attente du dessus du pied et relevez 10 m. sur le deuxième côté du talon. Tricotez sur les 54 m. obtenues en formant une diminution de chaque côté des 21 m. du dessus de pied de la façon suivante : tricotez ensemble à l'endroit la 10e m. du côté et la 1re m. du dessus, puis 19 m. endroit et 1 surjet. Répétez ces diminutions encore 5 fois tous les 4 rangs, puis tricotez 7 cm sur les 42 m. restantes et formez la pointe en faisant 2 diminutions de chaque côté des 21 m. du dessus de la façon suivante : tricotez 15 m. endroit, 2 m. ensemble, 1 m. endroit, 1 surjet, 15 m. endroit, 2 m. ensemble, 1 m. endroit, 1 surjet simple et 2 m. endroit.

L'ÉCHARPE

Fournitures

50 g de Croisière (50 g = 95 m) de Bouton d'Or, coloris au choix

Aiguilles n° 4

Aiguille à torsade

Points employés

Point de riz : *1 m. endroit et 1 m. envers* contrariées tous les rangs

Torsade : sur 6 m. et 8 rangs

Échantillon

10 x 10 cm au point de riz = 24 m. et 28 rangs

Répétez ces diminutions encore 4 fois tous les 2 rangs, puis fermez les 22 m. restantes par une couture maille à maille, en prenant 1 m. du dessus et 1 m. du dessous, ou en graftant les mailles en vis-à-vis pour éviter une couture gênante à la pointe du pied.
Cousez l'ourlet en y glissant l'élastique.
Repassez à la vapeur, sur l'envers, les mi-bas terminés.

L'ÉCHARPE

Montez 30 m. sur les aiguilles n° 4 et tricotez 6 rangs au point de riz, puis continuez en alternant : *6 m. au point de riz, 6 m. en jersey endroit pour une torsade*, 6 m. au point de riz.
Au 5e rang, pour la première torsade, croisez les mailles à droite de la façon suivante : glissez 3 m. en attente derrière le travail, tricotez à l'endroit les 3 m. suivantes, puis les 3 m. en attente.
Pour la deuxième torsade, croisez les mailles à gauche en plaçant les mailles en attente devant. Tricotez ensuite 3 rangs en jersey, puis reprenez au 1er rang.
À 92 cm de hauteur totale, tricotez 6 rangs au point de riz, puis rabattez les mailles.
Rentrez les fils et repassez à la vapeur, sur l'envers, l'écharpe terminée en veillant à ne pas écraser les torsades.

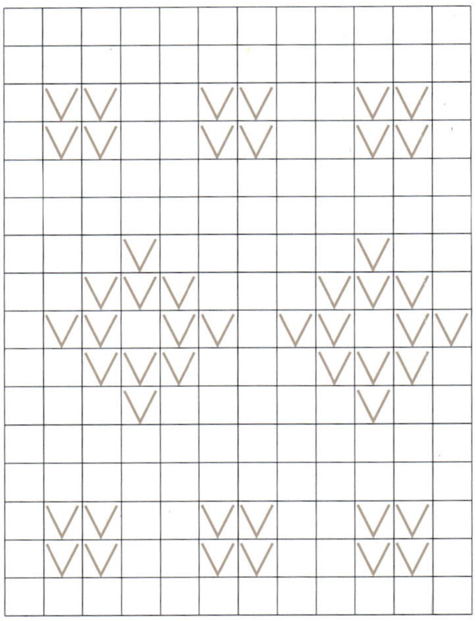

Grille jacquard

Le pull petits chiens pour enfant

LE PULL

Taille

4-5 ans

Fournitures

N° 5 (50 g = 95 m) d'Anny Blatt :
– 300 g coloris blanc cassé
– 50 g coloris palmier et noir

Aiguilles n°s 3 et 4

Points employés

Côtes 1/1 : 1 m. endroit, 1 m. envers

Jersey endroit : 1 rang endroit, 1 rang envers

Jersey jacquard (voir grilles)

Échantillon

10 x 10 cm en jersey endroit avec les aiguilles n° 4 = 22 m. et 30 rangs

RÉALISATION

DOS

Montez 90 m. de la laine du coloris blanc cassé sur les aiguilles n° 3 et tricotez 4 cm en côtes 1/1.
Avec les aiguilles n° 4, tricotez en jersey jacquard les 6 rangs de la grille n° 1 puis les 13 rangs de la grille n° 2, en plaçant le point M au milieu du travail ; continuez en blanc cassé.
À 41 cm de hauteur totale, rabattez de chaque côté 3 fois 9 m. tous les 2 rangs pour les épaules, puis rabattez les 36 m. restantes pour l'encolure.

DEVANT

Commencez comme pour le dos.
À 36 cm de hauteur totale, rabattez les 12 m. du milieu pour l'encolure et terminez chaque côté séparément en rabattant, côté encolure et tous les 2 rangs, 1 fois 3 m., 3 fois 2 m. et 3 fois 1 m.
À 41 cm de hauteur totale, rabattez pour l'épaule 3 fois 9 m. tous les 2 rangs.

MANCHES

Montez 43 m. sur les aiguilles n° 3 et tricotez 4 cm en côtes 1/1.
Avec les aiguilles n° 4, continuez en jersey, en répartissant 5 augmentations sur le 1er rang et en augmentant de chaque côté 12 fois 1 m. tous les 6 rangs.
À 27 cm de hauteur totale, rabattez de chaque côté 2 fois 12 m. tous les 2 rangs, puis rabattez les 24 m. restantes.

FINITIONS

Repassez à la vapeur, sur l'envers, les différentes pièces tricotées en égalisant les éventuelles irrégularités aux changements de couleurs.
Cousez l'épaule gauche. Avec les aiguilles n° 3, relevez 35 m. sur

ENCOLURE FANTAISIE

Montez 96 m. sur une aiguille circulaire (ou sur un jeu de quatre aiguilles à 2 pointes) n° 3 et tricotez 2,5 cm en côtes 1/1, puis fixez cette bordure sur l'encolure par des points arrière piqués dans les mailles de la bordure et du pull.

l'encolure du dos, puis 25 m. sur le premier côté de l'encolure du devant, 11 m. au milieu et 25 m. sur le deuxième côté. Tricotez 2,5 cm en côtes 1/1 sur les 96 m. obtenues, puis rabattez les mailles comme elles se présentent.

Cousez la deuxième épaule et la bordure d'encolure.

Montez les manches et fermez-les, ainsi que les côtés.

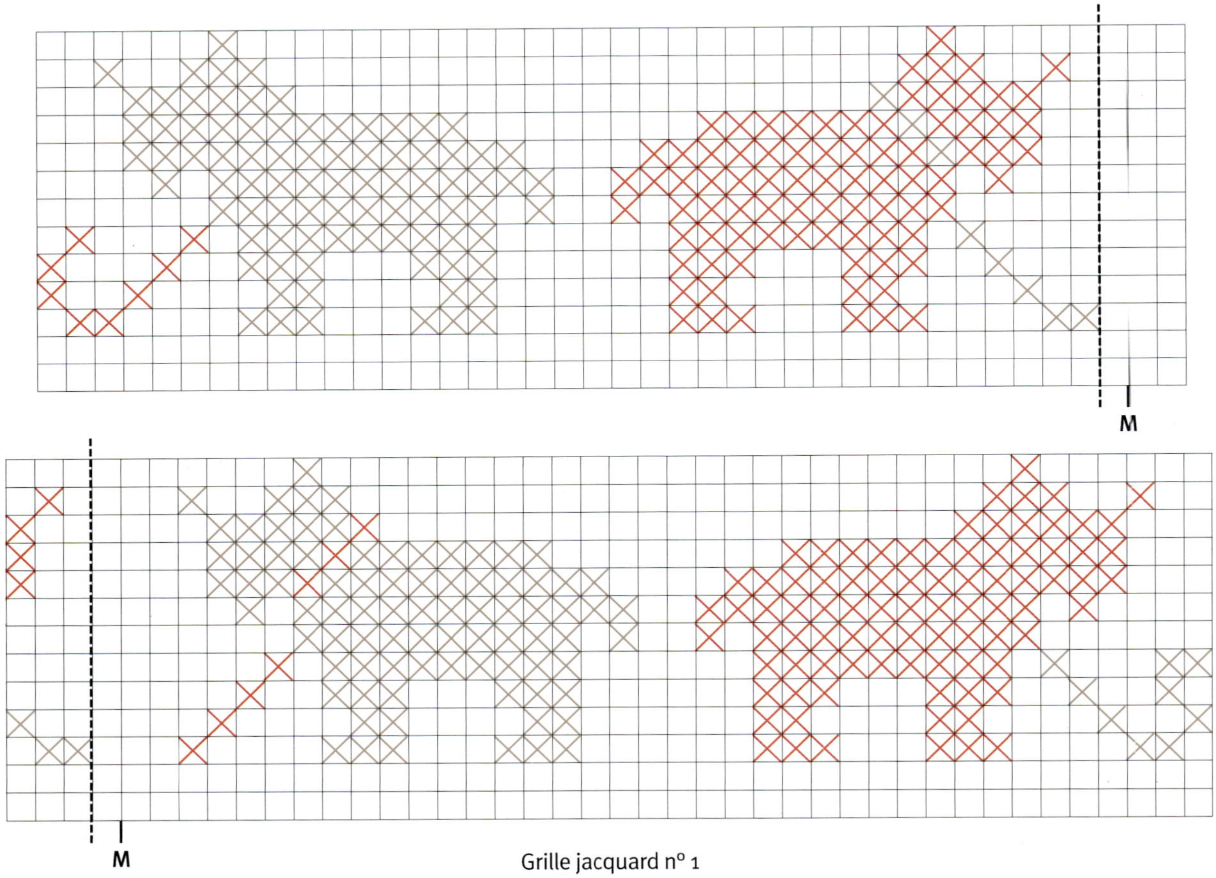

Grille jacquard n° 1

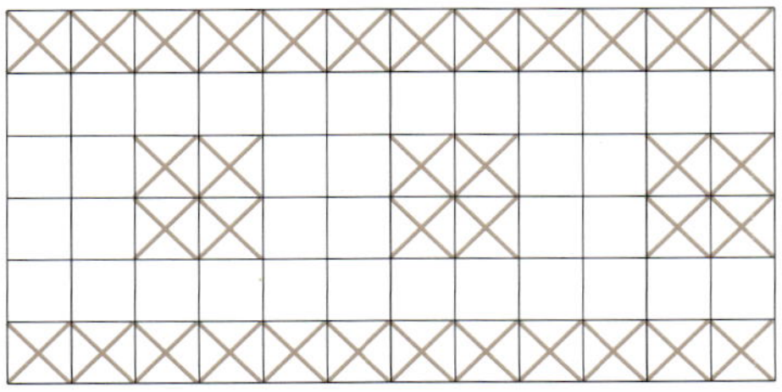

Grille jacquard n° 2

BROWNIE FLASH
CAMERA
Kodak
MADE IN FRANCE

Le tricot ajouré

Le tricot ajouré, comme son nom l'indique, présente des jours fantaisie formés par des points que l'on classe parmi les points dentelle. Ils peuvent être réalisés indépendamment, ou accompagnés d'autres familles de points.

Les motifs choisis sont souvent géométriques. Ils se composent de points de feuillage, de fougères, de losanges dentelle, de chevrons ouverts, de plumes et d'éventails. Tous ces noms évocateurs contribuent à donner de la légèreté au tricot, et ce d'autant plus que les fils employés seront fins, comme le kid mohair. Les cotons mercerisés permettront d'alléger au maximum les pull-overs d'été.

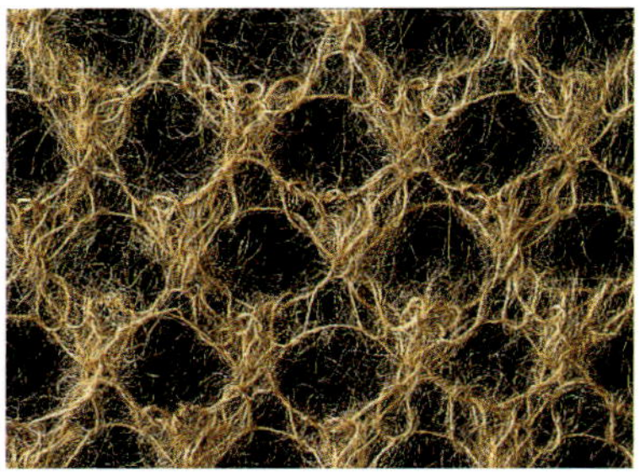

L'ŒIL-DE-CHAT

Le nombre de mailles doit être un multiple de 4 + 2 mailles lisières pour l'échantillon.

Rang 1 : 1 m. lisière, *1 jeté, 4 m. ensemble à l'envers*, 1 m. lisière.
Rang 2 : 1 m. lisière, *1 m. endroit, tricotez 1 m. endroit, 1 m. envers et 1 m. endroit dans le jeté du rang précédent*, 1 m. lisière.
Rang 3 : à l'endroit.
Répétez ces trois rangs.

REMARQUE

Des points ajourés très simples peuvent par exemple être utilisés pour des accessoires de mode « tendance », très jolis s'ils sont exécutés en kid mohair. Les tricots irlandais, quant à eux, sont parfois allégés par l'emploi et la combinaison de torsades et de points dentelle.

LE SEMIS AJOURÉ

Le nombre de mailles doit être un multiple de 10 + 2 mailles lisières pour l'échantillon.

Rang 1 : 1 m. lisière, *2 m. ensemble à l'endroit, 1 jeté, 1 m. endroit, 1 jeté, 1 surjet simple, 5 m. endroit*, 1 m. lisière.

Rang 2 et tous les rangs pairs : tricotez les mailles et les jetés à l'envers.

Rang 3 : 1 m. lisière, *2 m. ensemble à l'endroit, 1 jeté, 1 m. endroit, 1 jeté, 1 surjet simple, 5 m. endroit*, 1 m. lisière.

Rang 5 : à l'endroit.

Rangs 7 et 9 : 1 m. lisière, *5 m. endroit, 2 m. ensemble à l'endroit, 1 jeté, 1 m. endroit, 1 jeté, 1 surjet simple*, 1 m. lisière.

Rang 11 : à l'endroit.

Répétez les douze rangs de ce motif.

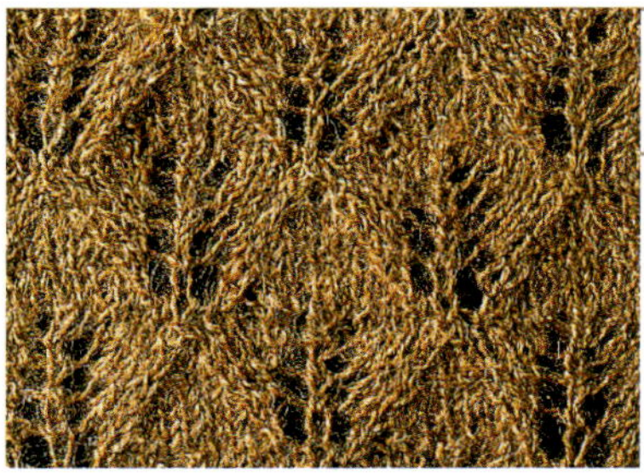

LE POINT FOUGÈRE 1

Les points fougère sont multiples, simples ou complexes. L'explication qui va suivre porte sur le point d'origine anglaise.
Le nombre de mailles doit être un multiple de 12 + 3 mailles dont 2 lisières pour l'échantillon.

Rang 1 : 1 m. lisière, *4 m. endroit, 2 m. ensemble à l'endroit, 1 jeté, 1 m. endroit, 1 jeté, 1 surjet simple, 3 m. endroit*, 1 m. endroit, 1 m. lisière.
Rang 2 et tous les rangs pairs : 1 m. lisière, 13 m. envers, 1 m. lisière.
Rang 3 : 1 m. lisière, *3 m. endroit, 2 m. ensemble, 1 m. endroit, 1 jeté, 1 m. endroit, 1 jeté, 1 m. endroit, 1 surjet simple, 2 m. endroit*, 1 m. endroit, 1 m. lisière.
Rang 5 : 1 m. lisière, *2 m. endroit, 2 m. ensemble, 2 m. endroit, 1 jeté, 1 m. endroit, 1 jeté, 2 m. endroit, 1 surjet simple, 1 m. endroit*, 1 m. endroit, 1 m. lisière.
Rang 7 : 1 m. lisière, *1 m. endroit, 2 m. ensemble, 3 m. endroit, 1 jeté, 1 m. endroit, 1 jeté, 3 m. endroit, 1 surjet simple*, 1 m. endroit, 1 m. lisière.
Rang 9 : 1 m. lisière, 2 m. ensemble, *4 m. endroit, 1 jeté, 1 m. endroit, 1 jeté, 4 m. endroit, 1 surjet double*, 1 m. lisière. À la fin du rang, remplacez le surjet double par 1 surjet simple.
Rang 11 : 1 m. lisière, *1 m. endroit, 1 jeté, 1 surjet simple, 7 m. endroit, 2 m. ensemble, 1 jeté*, 1 m. endroit, 1 m. lisière.
Rang 13 : 1 m. lisière, *1 m. endroit, 1 jeté, 1 m. endroit, 1 surjet simple, 5 m. endroit, 2 m. ensemble, 1 m. endroit, 1 jeté*, 1 m. endroit, 1 m. lisière.
Rang 15 : 1 m. lisière, *1 m. endroit, 1 jeté, 2 m. endroit, 1 surjet simple, 3 m. endroit, 2 m. ensemble, 2 m. endroit, 1 jeté*, 1 m. endroit, 1 m. lisière.
Rang 17 : 1 m. lisière, *1 m. endroit, 1 jeté, 3 m. endroit, 1 surjet simple, 1 m. endroit, 2 m. ensemble, 3 m. endroit, 1 jeté*, 1 m. endroit, 1 m. lisière.
Rang 19 : 1 m. lisière, *1 m. endroit, 1 jeté, 4 m. endroit, 1 surjet double, 4 m. endroit, 1 jeté*, 1 m. endroit, 1 m. lisière.
Rang 20 : 1 m. lisière, 13 m. envers, 1 m. lisière.
Répétez ces vingt rangs.

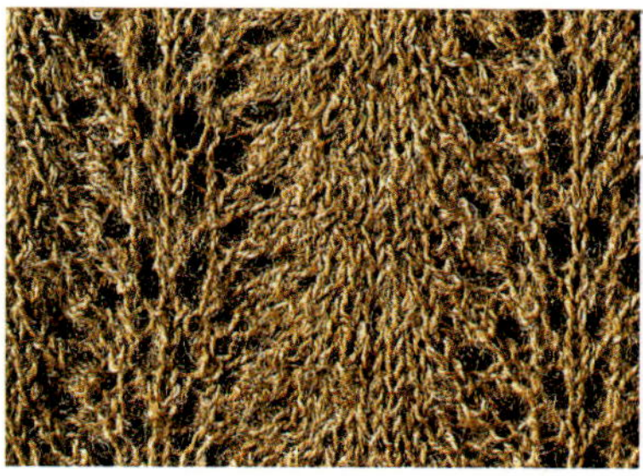

LE POINT FOUGÈRE 2

Le nombre de mailles doit être un multiple de 17 + 2 mailles lisières.

Rang 1 : 1 m. lisière, *3 fois 2 m. ensemble à l'endroit, 5 fois (1 jeté + 1 m. endroit), 1 jeté, 3 fois 1 surjet simple*, 1 m. lisière.

Rang 2 : tricotez les mailles et les jetés à l'envers.

Rang 3 : à l'endroit.

Rang 4 : à l'envers.

Répétez ces quatre rangs.

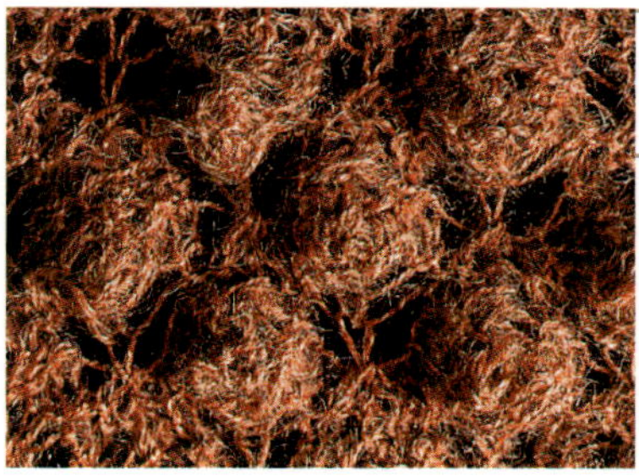

LE POINT DE MADÈRE

Le nombre de mailles doit être un multiple de 12 + 5.

Rangs 1 à 6 : 2 m. endroit, *1 m. endroit, 1 jeté, 4 m. endroit, 3 m. ensemble à l'envers, 4 m. endroit, 1 jeté*, répétez de * à * et terminez le rang par 3 m. endroit.

Rangs 7 à 12 : 2 m. endroit, 2 m. ensemble à l'envers, *4 m. endroit, 1 jeté, 1 m. endroit, 1 jeté, 4 m. endroit, 3 m. ensemble à l'envers*, répétez de * à * et terminez le rang par 2 m. ensemble à l'envers (au lieu de 3) et 2 m. endroit.

Répétez ces douze rangs.

Les doudous aériens et l'étole en kid mohair

LES DOUDOUS

Dimensions

28 x 100 cm

Fournitures

50 g de Fine Kid (50 g = 225 m) d'Anny Blatt, coloris Coloquinte 092

50 g de Fine Kid, coloris Platine 443 ou Callisto 086

Aiguilles n° 6

Point employé

Point œil-de-chat

Échantillon

10 x 10 cm = 20 m. et 30 rangs

L'ÉTOLE

Dimensions

50 x 160 cm

Fournitures

200 g de Fine Kid (50 g = 225 m) d'Anny Blatt, coloris Écru 182

Aiguilles n° $3^{1/2}$

Points employés

Côtes 1/1 : 1 m. endroit, 1 m. envers

Jersey endroit : 1 rang endroit, 1 rang envers

Échantillon

10 x 10 cm en jersey avec les aiguilles n° $3^{1/2}$ = 24 m. et 34 rangs

RÉALISATION

LES DOUDOUS

Montez 58 m. sur les aiguilles n° 6, et tricotez au point œil-de-chat de la façon suivante :

Rang 1 : 1 m. lisière, *1 jeté, 4 m. ensemble à l'envers*, répétez de * à *, 1 m. lisière.

Rang 2 : 1 m. lisière, *1 m. endroit, tricotez 1 m. endroit, 1 m. envers et 1 m. endroit dans le jeté du rang précédent*, 1 m. lisière.

Rang 3 : à l'endroit.

Répétez ces 3 rangs.

À 100 cm de hauteur totale, rabattez toutes les mailles souplement.

L'ÉTOLE

Montez 120 m. sur les aiguilles n° $3^{1/2}$, puis tricotez 3 cm en côtes 1/1 et continuez en tricotant 6 m. en côtes 1/1, 108 m. en jersey endroit et 6 m. en côtes 1/1.

À 157 cm de hauteur totale, tricotez 3 cm en côtes 1/1, puis rabattez les mailles comme elles se présentent.

Le tour de cou « mode » en kid mohair

LE TOUR DE COU

Dimensions

32 x 140 cm

Fournitures

100 g de Fine Kid
(50 g = 225 m) d'Anny Blatt,
coloris au choix

Aiguilles n° 6

Point employé

Point madère

Échantillon

10 x 10 cm au point madère
avec les aiguilles n° 6
= 20 m. et 32 rangs

RÉALISATION

Montez 65 m. sur les aiguilles n° 6 et tricotez au point madère de la façon suivante :

Rangs 1 à 6 : 2 m. endroit, *1 m. endroit, 1 jeté, 4 m. endroit, 3 m. ensemble à l'envers, 4 m. endroit, 1 jeté*, répétez de * à * et terminez le rang par 3 m. endroit.

Rangs 7 à 12 : 2 m. endroit, 2 m. ensemble à l'envers, *4 m. endroit, 1 jeté, 1 m. endroit, 1 jeté, 4 m. endroit, 3 m. ensemble à l'envers*, répétez de * à * et terminez le rang par 2 m. ensemble à l'envers (au lieu de 3) et 2 m. endroit. Répétez ces 12 rangs.

À 140 cm de hauteur totale, rabattez toutes les mailles.

4

FORMES ET FINITIONS

4. Les boutonnières

Il faut définir avec soin l'emplacement des boutonnières avant de se lancer dans leur élaboration, qu'elles se situent sur une bande à part, sur un bord intégré ou sur un bord à mailles relevées. Pour faciliter le calcul de leur emplacement, dans ce dernier cas, on peut tricoter la bordure qui supporte les boutons ; elle servira de modèle au positionnement des boutonnières.

Il faut également tenir compte de la taille des boutons : un bouton bombé demande plus d'espace pour passer à travers sa boutonnière qu'un bouton plat. Pensez enfin que les boutonnières se détendent à l'usage, réduisez donc légèrement leur taille par rapport aux boutons.

LA BOUTONNIÈRE LAYETTE

C'est la plus simple à réaliser : sur l'endroit du tricot, faites un jeté et tricotez deux mailles ensemble ; sur l'envers tricotez la maille comme elle se présente, et le jeté à l'endroit ou à l'envers suivant le point réalisé.

1 et 2. La boutonnière layette forme un petit œillet à travers lequel on peut également passer un cordon ou un ruban si le modèle le demande.

1

2

LA BOUTONNIÈRE HORIZONTALE

Pour la boutonnière horizontale, rabattez, en fonction de la taille du bouton, quelques mailles sur l'endroit du tricot. Au rang suivant, remontez ce même nombre de mailles par un montage simple et continuez le rang.

Il est assez sage de décaler l'emplacement de la boutonnière d'une maille par rapport au milieu de la bande de boutonnage pour contrer la tension exercée par les boutons : vers la gauche s'il s'agit d'un vêtement féminin, et vers la droite pour un vêtement masculin.

LA BOUTONNIÈRE VERTICALE

Pour la boutonnière verticale, il faut diviser le tricot en deux à l'emplacement de la boutonnière, tricoter chaque partie séparément jusqu'à la hauteur souhaitée et réunir ensuite les deux parties, en respectant le sens du tricot.

CONSEIL

Les boutonnières peuvent par la suite être brodées, comme en couture. Utilisez un fil de soie ton sur ton pour renforcer les œillets et éviter ainsi une usure rapide du vêtement.

4. Les bordures

Les bordures peuvent être intégrées au tricot ; elles peuvent être relevées ou rapportées, et signent la finition du tricot. Réalisées avec soin, elles seront une marque de classe et de distinction.

LES BORDURES INTÉGRÉES

1

2

LES BORDURES HORIZONTALES

Ce sont celles qui commencent un ouvrage. Elles sont tricotées dans une maille fantaisie, différente de celle du reste du travail. Elles sont souvent en côtes, mais aussi au point mousse (1) ou au point de riz (2), ce qui évite au tricot de rouler.

1

2

LES BORDURES VERTICALES

Les mailles nécessaires à la bordure sont montées dès le début du travail pour être tricotées en même temps que le morceau de tricot. Elles sont souvent en côtes 1/1, mais peuvent aussi être au point mousse (1) ou au point de riz (2), pour les différencier du reste du travail. Il est bien sûr important de penser dès le début à former les boutonnières.

LES BORDURES RELEVÉES

Les mailles sont relevées sur une aiguille, souvent plus fine que celles qui sont employées pour le tricot, entre les deux premières mailles de celui-ci. Les épaules sont cousues et la bordure d'encolure tricotée avant leur réalisation.

1 et 2. Les mailles sont calculées et relevées de façon à obtenir une bordure qui ne resserre ni ne détende le travail. Quand elle est au point mousse, au point de riz ou en jersey, on relève le plus souvent trois mailles sur quatre rangs.

Pour une bordure en côtes, tricotez un échantillon et placez-le sur le bord du travail en le détendant légèrement. Calculez le nombre de mailles nécessaire, puis répartissez les boutonnières. À la fin du travail, rabattez souplement toutes les mailles comme elles se présentent.

Pour un vêtement sans manches, resserrez éventuellement le rang de terminaison de part et d'autre de la couture épaule et des côtés, en formant quelques diminutions. À cet endroit, la bordure épousera ainsi davantage la forme du bras.

1

→

2

LES BORDURES RAPPORTÉES

Pour une bordure verticale, montez sur une aiguille (de taille inférieure à celles du tricot) les mailles nécessaires à sa largeur, en respectant la symétrie du point.

1 et 2. Quand la longueur de la bordure est atteinte, laissez les mailles en attente pour les intégrer au bord d'une encolure ronde, par exemple, ou rabattez-les souplement. Cousez cette bordure sur le bord du devant par une couture maille à maille.

1

→

2

La forme de l'encolure est définie par le modèle. Les encolures les plus classiques sont les encolures rondes et les encolures en pointe, assorties de plusieurs variations, de la plus classique à la plus fantaisie, en fonction des influences de la mode.
Terminer une encolure demande une attention particulière car, une fois achevée, elle doit être assez souple pour laisser passer la tête sans toutefois bâiller ou gondoler.

L'ENCOLURE RONDE

Elle peut être terminée à nu par un bord franc ou par un bord côtes, par un col roulé ou par un col rabattu, accompagné ou non d'une patte de boutonnage.

L'ENCOLURE À BORD FRANC

Sur le devant, mettez en attente au milieu un certain nombre de mailles et formez l'encolure en diminuant de chaque côté, en plusieurs fois, les mailles nécessaires à sa largeur. Terminez chaque côté séparément et fermez les épaules.
Pour le dos, travaillez comme pour le devant mais en faisant un arrondi moins profond.
Cousez les épaules. Ensuite, avec quatre aiguilles à deux pointes, relevez le nombre de mailles nécessaire autour de l'encolure, en commençant sur une épaule et en reprenant les mailles du devant et du dos laissées en attente.
Tricotez quelques rangs en jersey endroit et arrêtez toutes les mailles à l'envers sur l'endroit. Coupez le fil et rentrez-le en le passant dans la première maille de l'encolure. L'encolure roulera un peu sur elle-même, et aura ainsi un petit effet mode.

L'ENCOLURE TERMINÉE PAR UN BORD CÔTES

Cousez les épaules.

Avec quatre aiguilles à deux pointes, relevez le nombre de mailles nécessaire autour de l'encolure, en commençant par une épaule.

Relevez le même nombre de mailles sur les deux côtés du devant et du dos. Reprenez les mailles du milieu si elles ont été laissées en attente, ou relevez une maille dans chaque maille si elles ont été rabattues.

Tricotez en rond, en côte 1/1 ou 2/2 (il faut un nombre de mailles divisible par 2 ou par 4), la hauteur souhaitée, puis rabattez souplement toutes les mailles comme elles se présentent.

L'ENCOLURE TERMINÉE PAR UN COL ROULÉ

Cousez les épaules.

Relevez les mailles avec un jeu d'aiguilles à deux pointes, puis tricotez en rond, en côtes 1/1 ou 2/2, la hauteur nécessaire au col (entre 17 et 24 centimètres).

Arrêtez toutes les mailles souplement, comme elles se présentent.

Repliez le col.

VARIANTE

Vous pouvez tricoter un col dit « cheminée » en montant le bord de l'encolure sur 7 à 8 cm de hauteur.

L'ENCOLURE TERMINÉE PAR UN COL POLO

Cousez les épaules.

Relevez un nombre impair de mailles à partir du milieu de la patte de boutonnage (pour la réalisation des boutonnières, voir pages 156-157).

Tricotez en côtes 1/1 pendant 7 à 10 cm, puis rabattez toutes les mailles souplement, comme elles se présentent.

VARIANTE

Le boutonnage se présente vers la droite pour un vêtement masculin (**1**), et vers la gauche s'il s'agit d'un vêtement féminin (**2**).

Veillez à bien répartir régulièrement les boutonnières sur la patte de boutonnage pour un fini classique et élégant.

L'ENCOLURE EN POINTE

L'encolure en pointe est le plus souvent terminée par une bordure en côtes, avec des diminutions au milieu du devant qui permettent d'accentuer la pointe.

Avec un jeu d'aiguilles à deux pointes, relevez les mailles nécessaires sur l'encolure du dos, puis sur le côté de l'encolure du devant jusqu'à la pointe de l'encolure. Reprenez la maille centrale du devant laissée en attente et relevez le même nombre de mailles sur le deuxième côté de l'encolure. Suivant le type de côtes souhaité (1/1 ou 2/2), le nombre de mailles relevées doit être divisible par deux ou par quatre, sans tenir compte de la maille centrale.

Tricotez le premier rang de façon à placer une maille à l'envers sur l'envers à la pointe de l'encolure, et une ou deux mailles endroit de chaque côté de celle-ci. Au rang suivant, tricotez une diminution double à la pointe du V (voir page 43). Répétez cette diminution tous les deux (ou plus rarement tous les quatre) rangs sur les trois mailles du V. Fermez les mailles souplement, comme elles se présentent.

REMARQUE

Toutes les encolures peuvent aussi être tricotées sur deux aiguilles. Fermez alors une seule épaule, et assemblez ensuite les bords très soigneusement. Pour un col roulé, il faut inverser le sens de la couture à mi-hauteur pour que cette dernière soit invisible sur l'endroit une fois le col replié.

Le blouson enfant avec deux poches verticales

LE BLOUSON

Taille

2-3 ans

Fournitures

350 g de Mérinos (50 g = 125 m) d'Anny Blatt, coloris au choix

5 boutons de 12 mm de diamètre

Aiguilles n^{os} $2^{1/2}$ et $3^{1/2}$

Points employés

Côtes 1/1 : 1 m. endroit, 1 m. envers

Jersey endroit : 1 rang endroit, 1 rang envers

Échantillon

10 x 10 cm en jersey avec les aiguilles n° $3^{1/2}$ = 22 m. et 32 rangs

RÉALISATION

DOS

Montez 95 m. sur les aiguilles n° $2^{1/2}$ et tricotez 8 cm en côtes 1/1.

Avec les aiguilles n° $3^{1/2}$, continuez en jersey endroit.

À 19 cm de hauteur totale, rabattez pour les emmanchures, de chaque côté et tous les 2 rangs, 1 fois 5 m., 2 fois 3 m., 1 fois 2 m. et 1 fois 1 m.

À 34 cm de hauteur totale, commencez les épaules et l'encolure. Pour les épaules, rabattez de chaque côté 3 fois 6 m. tous les 2 rangs ; pour l'encolure, rabattez les 15 m. du milieu. Terminez chaque côté séparément en rabattant, côté encolure, 2 fois 4 m. tous les 2 rangs.

DEVANT GAUCHE

Pour le fond des poches, montez 15 m. sur les aiguilles n° $3^{1/2}$ et tricotez 4 cm en jersey, puis laissez les mailles en attente.

Montez 45 m. sur les aiguilles n° $2^{1/2}$ et tricotez 8 cm en côtes 1/1.

Avec les aiguilles n° $3^{1/2}$, tricotez 4 cm en jersey, puis, pour la poche, tricotez 19 m. et reprenez à la suite les 15 m. du fond de poche (laissez les mailles de gauche en attente). Tricotez 6,5 cm sur ces 34 m., puis, sur le dernier rang envers, rabattez les 15 m. du fond, tricotez 19 m. et laissez-les en attente.

Tricotez 6,5 cm en jersey sur les 26 m. laissées en attente, puis mettez-les de nouveau en attente.

Reprenez ensuite le travail sur toutes les mailles, en tricotant les 19 m. de droite, puis à la suite les 26 m. en attente.

À 19 cm de hauteur totale, rabattez à droite pour l'emmanchure, tous les 2 rangs, 1 fois 5 m., 2 fois 3 m., 1 fois 2 m. et 1 fois 1 m.

À 29 cm de hauteur totale, rabattez à gauche pour l'encolure, tous les 2 rangs, 1 fois 5 m., 3 fois 2 m. et 2 fois 1 m.

À 34 cm de hauteur, rabattez à droite pour l'épaule 3 fois 6 m. tous les 2 rangs.

Tricotez le devant droit en vis-à-vis.

MANCHES

Montez 55 m. sur les aiguilles n° $2^{1/2}$ et tricotez 4 cm en côtes 1/1.
Avec les aiguilles n° $3^{1/2}$, continuez en jersey endroit en augmentant de chaque côté 9 fois 1 m. tous les 8 rangs.
À 28 cm hauteur totale, rabattez de chaque côté, tous les 2 rangs, 1 fois 5 m., 4 fois 3 m., 3 fois 2 m., 3 fois 1 m., puis les 21 m. restantes en 1 fois.

FINITIONS

Rentrez les fils et repassez à la vapeur, sur l'envers, toutes les pièces tricotées.
Cousez les épaules et les côtés du blouson.
Avec les aiguilles n° $2^{1/2}$, relevez 115 m. au bord du devant droit, puis tricotez 12 rangs en côtes 1/1 et rabattez les mailles comme elles se présentent.
Faites la même bordure sur le devant gauche, en formant au 6e rang cinq boutonnières de 3 m., la première à 3 m. du bord et les suivantes espacées de 23 m.
Avec les aiguilles n° $2^{1/2}$, relevez 101 m. autour de l'encolure d'un milieu à l'autre des bandes de boutonnage, puis tricotez 5 cm en côtes 1/1 en commençant par 1 m. envers, et rabattez les mailles.
Avec les aiguilles n° $2^{1/2}$, relevez 25 m. sur la fente des poches, puis tricotez 8 rangs en côtes 1/1 et rabattez les mailles.
Cousez le fond des poches et les côtés des bordures.
Fermez les manches et montez-les.
Cousez les boutons.

La forme des emmanchures et des manches dépend du modèle choisi. On distingue plusieurs types d'emmanchures : classique, raglan, au carré, avec un empiècement, ou « chauve-souris ».

L'EMMANCHURE CLASSIQUE

L'emmanchure classique est ajustée à la carrure et à l'épaule pour recevoir une manche classique et montée en soutenant la tête de manche : on parle également de « manches tailleur ».

L'EMMANCHURE RAGLAN

L'emmanchure raglan est arrêtée en biais, du dessous du bras à l'encolure. Elle donne beaucoup d'aisance au vêtement car elle est plus profonde que l'emmanchure classique. Les diminutions du devant, du dos et des manches peuvent se faire à deux ou trois mailles du bord pour obtenir un effet décoratif. En layette, cette emmanchure est souvent formée par des diminutions à jours.

L'EMMANCHURE AU CARRÉ

L'emmanchure au carré, de type kimono, est très confortable pour un vêtement de détente ample. L'épaule doit être biaisée, et la manche se termine alors par un petit arrondi qui permet de continuer la ligne de l'épaule.

Les épaules du pull enfant s'arrêtent horizontalement, et le haut de la manche se termine en arrêtant toutes les mailles en une seule fois. Dans ce cas, il n'y a pas de fente d'épaule.

VARIANTES

Il existe d'autres types d'emmanchures, comme l'emmanchure avec un empiècement sur l'épaule, qui est souvent destinée à un vêtement « sport classique ». La manche (appelée « manche marteau ») est prolongée par une bande de la longueur de l'épaule qui sera cousue entre le dos et le devant.

L'emmanchure « chauve-souris » est une emmanchure basse faisant partie intégrante du vêtement : les mailles de l'arrondi et des manches sont ajoutées en plusieurs fois, aux mailles du devant et du dos. Devant et manches (ou dos et manches) constituant une seule pièce, il est plus que nécessaire de faire un échantillon assez grand et de le comparer avec celui indiqué sur la pelote ou sur le modèle à suivre.

4. Les poches

Les poches, utiles ou décoratives, ajoutent style et confort à tout vêtement. Elles se distinguent en poches appliquées — tricotées séparément et cousues sur l'endroit du tricot — et poches fendues — composées d'une bordure et d'un fond de poche tricoté à part.

LES POCHES APPLIQUÉES

La poche appliquée est la plus facile à réaliser. Elle se tricote à part, et l'on peut employer n'importe quel point pourvu qu'il corresponde au style du tricot. Elle est ensuite cousue avec beaucoup de soin sur le vêtement, en suivant très précisément les mailles et les rangs, sur elle-même et sur le tricot.

Lorsque les poches sont tricotées en jersey, il est préférable de les terminer par une bordure. Celles au point mousse ou au point de riz, par exemple, ne nécessitent en revanche pas de bordure.

Il est préférable de marquer l'emplacement de la poche sur les devants avec un point de faufil de couleur contrastée. Les mailles nécessaires à sa réalisation peuvent également être relevées directement sur le tricot.

Tricotez la poche dans un point fantaisie ou en jersey jusqu'à obtenir la hauteur voulue, puis rabattez les mailles ; vous pouvez aussi, à l'aide d'aiguilles plus fines, tricoter une bordure en côtes 1/1 ou 2/2, en respectant la symétrie du point.

CONSEIL

Choisissez dès le départ la bordure de votre poche, et montez un multiple du nombre de mailles nécessaire pour la symétrie : par exemple multiple de 2 + 1 pour des côtes 1/1, et multiple de 4 + 2 pour des côtes 2/2.

LES POCHES FENDUES

Les poches fendues sont le plus souvent placées au tiers de la largeur du devant à partir de la couture de côté. La bordure de la poche peut se terminer par un bord franc ; elle peut aussi être intégrée au tricot, ou relevée par la suite.
Le fond de poche est quant à lui tricoté à part. Il est pratique de le préparer à l'avance : il peut ainsi être intégré immédiatement le moment venu.

LES POCHES FENDUES À L'HORIZONTALE À BORD FRANC

C'est la poche fendue la plus simple à réaliser, car elle se termine par un simple arrêt des mailles — à bord franc —, jersey à l'envers sur l'endroit ou jersey à l'endroit sur l'envers. De cette manière, le bord roule sur lui-même et présente un joli effet, surtout lorsque vous avez confectionné un fond de poche en jersey envers, ce qui accentue l'effet ludique et mode.
Tricotez le devant du vêtement jusqu'à l'emplacement de la poche, puis arrêtez le nombre de mailles correspondant à sa largeur, à l'endroit sur l'envers ou à l'envers sur l'endroit, et continuez jusqu'au bout du tricot. Tricotez séparément le fond de la poche sur la même largeur + 1 maille lisière de chaque côté ; ces mailles lisières seront rabattues au dernier rang.
Au rang suivant du tricot, revenez jusqu'à l'emplacement de la poche, reprenez les mailles du fond de la poche en présentant le jersey envers sur l'endroit du travail et terminez le rang. Continuez sur toutes les mailles.

IMPORTANT
Il faut toujours marquer l'emplacement de la poche avec un point faufil de couleur contrastée pour bien visualiser son emplacement.

LES POCHES FENDUES À L'HORIZONTALE AVEC UNE BORDURE CÔTELÉE RELEVÉE

Définissez l'emplacement et la largeur de la poche. Tricotez ensuite le fond à part, en ajoutant 1 maille lisière de chaque côté. Rabattez ces mailles lisières sur le dernier rang tricoté, et gardez les autres mailles en attente.

Tricotez le devant jusqu'à l'emplacement de la poche, puis tricotez les mailles du fond, mettez en attente le même nombre de mailles que celui du fond sur un arrêt mailles, et terminez le rang. Continuez le travail sur toutes les mailles.

CONSEIL

Quand le tricot est réalisé dans un point fantaisie, il est préférable de commencer le fond en jersey endroit (pour éviter trop d'épaisseur) et de le terminer sur 3 cm environ dans le point fantaisie. L'aspect esthétique est ainsi garanti quand on regarde l'intérieur de la poche.

VARIANTE

Vous pouvez également réaliser des poches fendues à l'horizontale avec bordure intégrée : tricotez le devant du vêtement jusqu'à l'emplacement de la poche, en soustrayant la hauteur de sa bordure (de 2,5 à 3 cm), puis délimitez sa largeur en respectant la symétrie du point de cette bordure.

Continuez le travail sur toutes les mailles, en tricotant en même temps la bordure. Une fois la hauteur de celle-ci obtenue, arrêtez les mailles et terminez le rang.

Tricotez le fond à part en montant le même nombre de mailles que celui de la bordure + 1 maille lisière de chaque côté. Une fois tricotée la hauteur voulue (entre 12 et 15 cm), rabattez les mailles lisières.

Reprenez les mailles du devant et tricotez en remplaçant les mailles rabattues par celles du fond de poche. Continuez le travail sur toutes les mailles.

Cousez le fond de poche avec un point glissé sur les trois côtés.

LES POCHES FENDUES À LA VERTICALE AVEC UNE BORDURE DE MAILLES RELEVÉES

Tricotez jusqu'à l'emplacement de la poche et montez à la suite les mailles du fond (laissez les mailles de gauche en attente). Continuez sur toutes ces mailles jusqu'à obtenir la hauteur de poche voulue, puis tricotez le dernier rang en rabattant celles du fond et laissez les mailles restantes en attente.

Tricotez la même hauteur sur les mailles de gauche, avant de laisser ces dernières en attente.

Reprenez ensuite les mailles de droite, puis à la suite celles de gauche, et terminez le travail sur toutes les mailles.

Une fois le morceau terminé, relevez les mailles pour la bordure sur le bord de la fente en veillant à la symétrie du point, et tricotez la bordure sur une hauteur de 2,5 à 3 cm. Cousez les côtés de la bordure et le fond de poche.

VARIANTE N° 1

Vous pouvez également réaliser des poches fendues à la verticale avec bordure intégrée : montez les mailles du fond de poche et tricotez ce dernier éventuellement sur quelques centimètres, puis laissez les mailles en attente.

Définissez l'emplacement de la poche, bordure comprise, sur le travail. Tricotez les mailles jusqu'à cet emplacement, et tricotez à la suite celles du fond (laissez les mailles de gauche en attente), cela jusqu'à obtenir la hauteur de poche voulue (entre 12 et 15 cm). Tricotez le dernier rang en rabattant les mailles du fond et laissez les mailles restantes en attente.

Reprenez les mailles de gauche laissées en attente et tricotez-les en formant en même temps la bordure sur les premières mailles. Une fois la hauteur obtenue, laissez les mailles en attente.

Reprenez les mailles de droite, puis celles de gauche, et continuez sur toutes les mailles dans le point du tricot.

Tricotez la poche droite en vis-à-vis.

VARIANTE N° 2

Les poches fendues peuvent également se présenter en biais dans certains modèles. Elles se font par un jeu de diminutions déterminées. Les bordures peuvent être tricotées à même le devant, ou cousues sur l'ouverture. Ce travail, délicat, donne un aspect très couture à des modèles plutôt classiques.

LES TERMINAISONS DES POCHES

Les bordures relevées sur les mailles en attente peuvent être simples ou doubles ; le choix sera fait en fonction du style du vêtement.

LES BORDURES SIMPLES

Elles sont, le plus souvent, réalisées en côtes, en respectant la symétrie du point.
Prenez des aiguilles plus fines (d'une demi-taille) que celles qui sont utilisées pour l'ouvrage et reprenez les mailles laissées en attente.
Tricotez la bordure pendant 2,5 à 3 cm, puis arrêtez toutes les mailles souplement.
Cousez les lisières de la bordure sur le vêtement.
Ces bordures peuvent également être réalisées dans un point fantaisie, qui permettra de prolonger le point de base du tricot, par exemple des côtes et des petites torsades.

LES BORDURES DOUBLES

Ces bordures, qui donnent un effet très net et plus classique à la poche terminée, sont réalisées en jersey.
Reprenez, avec des aiguilles plus fines (d'une demi-taille) que celles qui sont utilisées pour l'ouvrage, les mailles laissées en attente.
Tricotez de 2,5 à 3 cm en jersey endroit, puis un rang à l'envers sur l'endroit (rang de cassure), et la même hauteur en jersey.
Rabattez les mailles.
Repliez cette bordure sur l'envers et cousez le bord et les côtés.

Le pull enfant à poches horizontales

LE PULL

Taille

2-3 ans

Fournitures

300 g de Mérinos (50 g = 125 m) d'Anny Blatt, coloris au choix

Aiguilles n°s 3 et $3^{1/2}$

Points employés

Côtes 1/1 : 1 m. endroit, 1 m. envers

Jersey endroit : 1 rang endroit, 1 rang envers

Échantillon

10 x 10 cm en jersey avec les aiguilles n° $3^{1/2}$ = 22 m. et 32 rangs

RÉALISATION

DOS

Montez 88 m. sur les aiguilles n° 3 et tricotez 4 cm en côtes 1/1. Avec les aiguilles n° $3^{1/2}$, continuez en jersey endroit.

À 37 cm de hauteur totale, rabattez pour les épaules de chaque côté 3 fois 9 m. tous les 2 rangs, puis, pour l'encolure, les 34 m. restantes.

DEVANT

Pour le fond des poches, montez 19 m. sur les aiguilles n° $3^{1/2}$, tricotez 8 cm en jersey et laissez les mailles en attente.

Montez 88 m. sur les aiguilles n° 3 et tricotez 4 cm en côtes 1/1. Continuez en jersey endroit avec les aiguilles n° $3^{1/2}$.

À 14 cm de hauteur totale, tricotez 13 m., puis reprenez les 19 m. d'un fond et laissez les 19 m. suivantes en attente. Tricotez 24 m., reprenez les 19 m. du deuxième fond, laissez les 19 m. suivantes en attente et tricotez les 13 m. restantes.

À 31 cm de hauteur totale, rabattez pour l'encolure les 10 m. du milieu et terminez chaque côté séparément en rabattant, côté encolure et tous les 2 rangs, 1 fois 3 m., 3 fois 2 m. et 3 fois 1 m.

À 37 cm de hauteur totale, rabattez pour l'épaule 3 fois 9 m. tous les 2 rangs.

MANCHES

Montez 57 m. sur les aiguilles n° 3 et tricotez 8 cm en côtes 1/1. Continuez en jersey avec les aiguilles n° $3^{1/2}$, en répartissant 3 augmentations au 1er rang et en augmentant de chaque côté 8 fois 1 m. tous les 8 rangs.

À 30 cm de hauteur totale, rabattez souplement les 76 m. obtenues.

FINITIONS

Rentrez les fils et repassez à la vapeur, sur l'envers, toutes les pièces tricotées.

Avec les aiguilles n° 3, reprenez les 19 m. en attente des poches, puis tricotez 2 cm en côtes 1/1 et rabattez les mailles comme elles se présentent.

Cousez l'épaule gauche. Avec les aiguilles n° 3, relevez 34 m. sur l'encolure du dos, puis 27 m. sur le côté de l'encolure du devant, 12 m. au milieu et 27 m. sur le deuxième côté de l'encolure. Tricotez 2 cm en côtes 1/1 et rabattez souplement les mailles comme elles se présentent.

Fermez la deuxième épaule et la bordure d'encolure.

Montez les manches sur une hauteur de 17 cm, puis fermez-les ainsi que les côtés.

Cousez les bordures et le fond des poches.

Le pull femme avec col cheminée et poche appliquée

LE PULL

Taille

Large

Fournitures

700 g de Superwash (50 g = 155 m) de Bouton d'Or, coloris au choix

Aiguilles n°s 2$^{1/2}$, 3 et 4.

Points employés

Côtes 2/2 : 2 m. endroit, 2 m. envers

Jersey envers : 1 rang envers, 1 rang endroit

Échantillon

10 x 10 cm en jersey avec les aiguilles n° 4 = 27 m. et 36 rangs

RÉALISATION

DOS

Montez 162 m. sur les aiguilles n° 3 et tricotez en jersey endroit 10 rangs, puis tricotez 1 rang avec les aiguilles n° 4, et de nouveau 10 rangs avec les aiguilles n° 3.

Continuez en jersey envers avec les aiguilles n° 3.

À 58 cm de hauteur totale, rabattez pour l'encolure les 36 m. du milieu et terminez chaque côté séparément en rabattant, côté encolure, 2 fois 4 m. tous les 2 rangs.

À 60 cm de hauteur totale, rabattez pour l'épaule les 55 m. restantes.

DEVANT

Commencez comme pour le dos.

À 53 cm de hauteur totale, rabattez pour l'encolure les 26 m. du milieu et terminez chaque côté séparément en rabattant, côté encolure et tous les 2 rangs, 1 fois 5 m., 1 fois 3 m., 1 fois 2 m. et 3 fois 1 m.

À 60 cm de hauteur totale, rabattez pour l'épaule les 55 m. restantes.

MANCHES

Montez 84 m. sur les aiguilles n° 3, puis tricotez les 21 rangs comme pour le dos et continuez en jersey envers, en augmentant de chaque côté 23 fois 1 m. tous les 6 rangs.

À 46 cm de hauteur totale, rabattez les 130 m. obtenues.

POCHE

Montez 42 m. sur les aiguilles n° 3 et tricotez 16 cm en côtes 2/2, puis 2 cm en jersey endroit et rabattez les mailles souplement, en les tricotant à l'endroit sur l'envers.

REMARQUE

Cette encolure peut être terminée avec un jeu de quatre aiguilles n° $2^{1/2}$ ou avec une aiguille circulaire n° $2^{1/2}$: tricotez alors en rond les 8 cm de côtes 2/2 (le nombre de mailles relevées doit être divisible par 4).

FINITIONS

Rentrez les fils et repassez à la vapeur, sur l'envers, toutes les pièces tricotées.
Cousez l'épaule gauche. Avec les aiguilles n° 3, relevez 44 m. sur l'encolure du dos, puis 16 m. sur le côté de l'encolure du devant, 26 m. au milieu et 16 m. sur le deuxième côté de l'encolure. Tricotez 8 cm en côtes 2/2, puis 2 cm en jersey endroit, et rabattez les mailles souplement en les tricotant à l'endroit sur l'envers.
Fermez la deuxième épaule et la bordure d'encolure.
Montez les manches sur une hauteur de 24 cm, puis fermez-les ainsi que les côtés du pull.
Cousez la poche sur le devant.

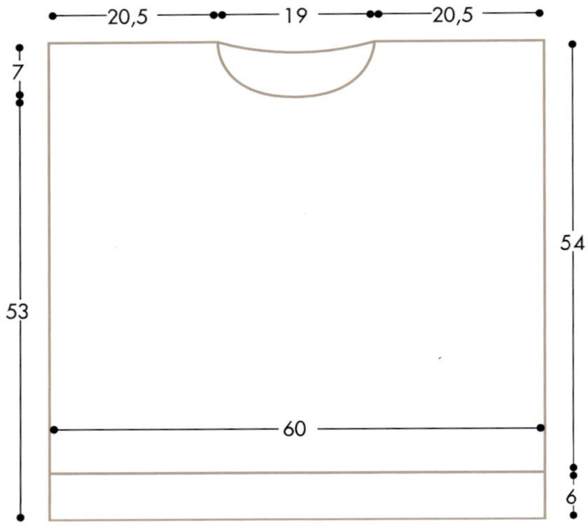

Devant et dos (en cm)

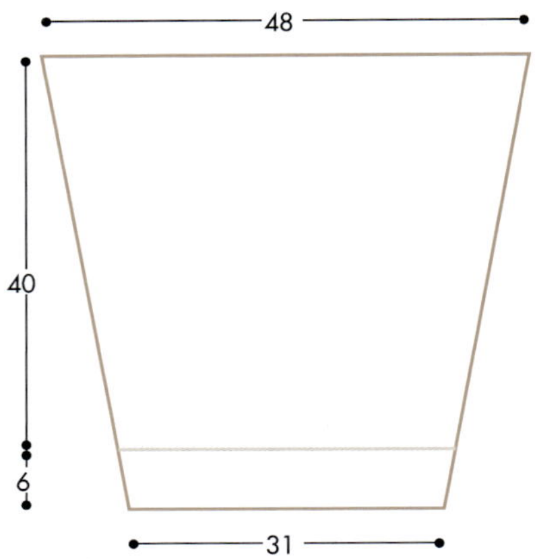

Manches (en cm)

Un ourlet constitue la terminaison du bord d'un tricot en le rendant résistant et en évitant aux mailles de rouler si celles-ci sont exécutées au point jersey. La finition par un ourlet remplace les bords côtes.
Un ourlet peut également terminer le bas des jupes, des manches et des vestes classiques.

LES OURLETS COUSUS

LE RANG DE CASSURE

Pour souligner le bord et le replier facilement, on tricote en général un rang à l'envers sur l'endroit.
Ce rang « de cassure » définit le bas de l'ourlet.

REMARQUE
Le rang de cassure peut être réalisé par un rang tricoté plus lâche avec une aiguille plus grosse, ce qui facilite la pliure de l'ourlet.

LES DENTS DE CHAT

Pour obtenir un effet décoratif et très souple (pour les modèles de layette, par exemple), on peut tricoter après quelques rangs en jersey un rang de picots appelés « dents de chat ».
Le nombre de mailles doit être pair.

Rang 1 : 1 m. endroit, *1 jeté, 2 m. ensemble à l'endroit*, 1 m. endroit.
Rang 2 : tricotez jetés et mailles à l'envers.

LA COUTURE DE L'OURLET

Le bord des ourlets est dans ce cas cousu par un point surjet.

1. Cousez, de manière régulière, une maille de l'ourlet et la maille correspondante sur l'envers du tricot.

2. Pour coudre l'ourlet, vous pouvez aussi garder les mailles sur l'aiguille sans les rabattre, puis prendre une maille de l'aiguille et une maille du tricot.

REMARQUE

Veillez à ne jamais trop serrer le fil de couture.

→

LES OURLETS TRICOTÉS

L'ourlet peut également être rapporté sur le jersey envers, ce qui donnera un très joli fini au bord du tricot.

Montez les mailles sur des aiguilles plus petites que celles qui sont employées pour le tricot. Tricotez les rangs nécessaires à la hauteur de l'ourlet. Faites un rang de cassure pour marquer le bas de celui-ci et tricotez la même hauteur. Gardez les mailles en attente sur l'aiguille.

1 et 2. Glissez ensuite une aiguille à travers les mailles de montage, puis superposez les deux aiguilles en les séparant par un doigt.

3 à 6. Tricotez ensemble une maille de chaque aiguille, en respectant les vis-à-vis.

Une fois toutes les mailles tricotées, continuez le tricot avec les aiguilles correspondant au modèle.

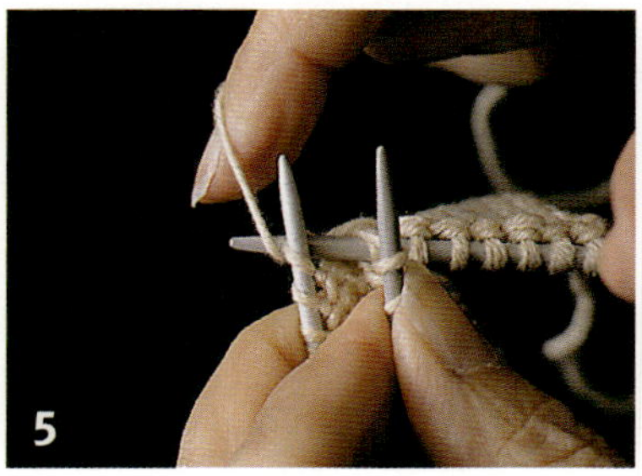

LES POMPONS

Faire un pompon demande un peu de patience car la phase d'enroulement de la laine prend du temps, mais c'est une opération qui devient amusante sur la fin, quand le pompon se déploie. Cet ornement agrémente bérets, écharpes et autres vêtements en devenant accessoire ludique.

Découpez deux ronds dans du carton rigide — leur diamètre doit être égal à celui du pompon terminé —, puis recoupez un rond au milieu de chacun. Plus il sera large, plus le pompon sera serré (pour obtenir un pompon bien fourni d'un diamètre de 3,2 cm, par exemple, le cercle intérieur devra être de 1,3 cm).

1 et 2. Superposez les cartons, puis enroulez le fil de laine tout autour de cette « roue » jusqu'à ce que le centre soit complètement rempli.

3. Glissez la pointe des ciseaux entre les deux cartons et coupez la laine tout autour.

4. Passez un fil solide entre les cartons et attachez bien serré tous les brins ensemble. Coupez les cartons et ôtez-les.

5. Secouez le pompon pour l'ébouriffer, puis égalisez les brins avec les ciseaux pour lui donner une forme arrondie régulière.

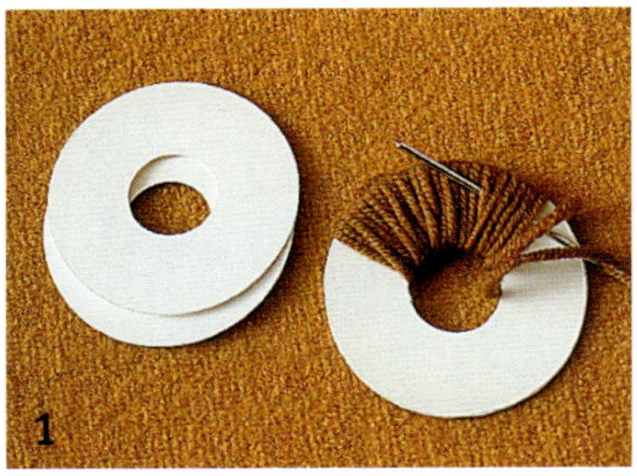

LES GLANDS

Simples à réaliser, les glands se placent aux angles des coussins et des couvertures, ou aux extrémités des écharpes.

1. Enroulez la laine sur deux morceaux de carton épais, de 6 à 9 cm de long, placés l'un sur l'autre ; faites suffisamment de tours pour que le gland soit bien fourni.

2. À l'aide d'une aiguille, glissez un fil assez solide sous les brins de laine à l'une des extrémités, et nouez ces derniers ensemble.

3. Coupez les fils à l'autre extrémité entre les cartons, puis enroulez un fil autour du gland à 1 centimètre de son sommet, serrez pour former la tête et glissez les deux brins à l'intérieur.
Égalisez les brins aux ciseaux.

→

→

LES FRANGES

Les franges sont la terminaison classique des écharpes et des étoles. Elles peuvent aussi finir un bas de pull ou de poncho.

1 et 2. Découpez deux morceaux de carton de 2 cm de plus que la longueur souhaitée pour les franges, et enroulez le fil sur ces cartons. Coupez les fils en bas, entre les cartons, pour obtenir les brins.

3 à 5. Piquez un crochet dans une maille de l'ouvrage de l'envers vers l'endroit, en commençant par une extrémité. Accrochez plusieurs fils ensemble et tirez-les à travers la maille pour former une boucle. Passez l'extrémité des fils à travers cette boucle et tirez fermement.

6. Posez les franges toutes les trois ou quatre mailles, puis secouez-les et égalisez-les à l'aide de ciseaux.

ANECDOTE

Les franges que portaient les Amérindiens au bas de leurs pantalons effaçaient les traces de leurs pas, ce qui leur permettait de ne pas être suivis par leurs ennemis.

LES CORDELIÈRES

« Commettre un câble », expression marine, trouve son équivalence en matière de tricot dans « faire une cordelière ».
On réalise une cordelière afin de resserrer certaines pièces d'un tricot, pour serrer la taille d'un pull (on la passe alors par des trous prévus à cet effet) ou bien pour orner la pointe d'un bonnet avec un pompon ou un gland, qui se balancera au rythme de la marche. La cordelière sert également pour les sacs, les pochettes, les aumônières, etc.
Pour connaître la longueur du brin à couper, multipliez par quatre la longueur de la cordelière terminée et ajoutez environ un quart de cette mesure.

1 et 2. Coupez ce brin, puis pliez-le en deux et nouez les deux extrémités ensemble. Accrochez l'autre extrémité sur un point fixe, puis passez un crayon entre les deux brins du côté du nœud et faites-le tourner pour tordre les fils. Pliez de nouveau en deux et frottez rapidement les deux nouveaux brins pour qu'ils s'enroulent parfaitement l'un autour de l'autre.

1

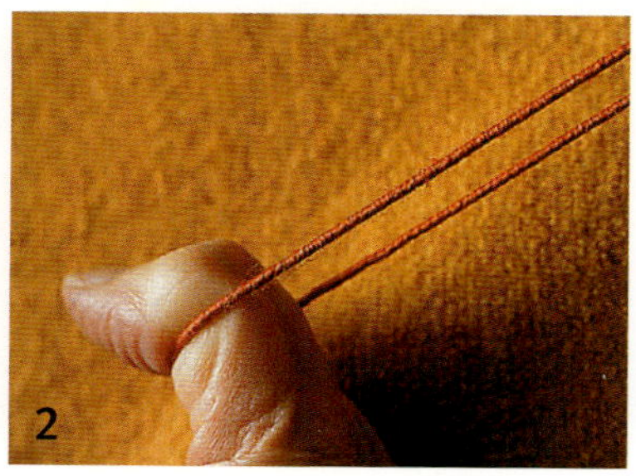

2

Les tours de cou aux quatre pompons

LES TOURS DE COU

Dimensions

18 cm x 100 cm

Fournitures

50 g d'Angora Super (25 g = 106 m) d'Anny Blatt, coloris au choix

Restes d'angora pour les pompons

Aiguilles n° $3^{1/2}$

Points employés

Jersey endroit : 1 rang endroit, 1 rang envers

Jersey envers : 1 rang envers 1 rang endroit

Échantillon

10 x 10 cm en jersey avec les aiguilles n° $3^{1/2}$ = 22 m. et 32 rangs

RÉALISATION

Montez 40 m. sur les aiguilles n° $3^{1/2}$, puis tricotez 5 m. en jersey envers, 30 m. jersey endroit et 5 m. jersey envers.
À 100 cm de hauteur totale, rabattez les mailles.

FINITIONS

Faites quatre pompons de 2,5 cm de diamètre et fixez-les aux quatre coins du tour de cou.

5

L'ASSEMBLAGE ET L'ENTRETIEN

L'assemblage

Avant d'assembler les pièces d'un tricot terminé, il est nécessaire de contrôler les dimensions obtenues et de vérifier qu'elles correspondent au schéma du modèle choisi. Étalez les différentes pièces, côté endroit posé sur une surface molletonnée (couverture un peu épaisse par exemple), et fixez les bords à l'aide d'épingles en respectant les dimensions de chaque pièce, sans tirer dessus. Placez une patte-mouille bien humide, puis repassez légèrement en aplatissant les pièces. Cela fait, les morceaux sont prêts à être assemblés.

COUTURE PAR UN POINT ARRIÈRE

Les deux parties à assembler sont placées endroit contre endroit, et le point est exécuté sur l'envers.

1. Pour une couture plate (épaule), utilisez une aiguille à laine à bout rond et un fil coordonné au tricot. Ici, nous utilisons un fil de couleur pour montrer la procédure.
2. Piquez l'aiguille sous le tricot et ressortez-la au-dessus, deux mailles plus loin.

3. Repiquez dans la première maille et sortez, selon la grosseur du tricot, dans la maille suivante ou deux mailles plus loin.
À la fin du travail, arrêtez le fil bien solidement.

Pour monter des manches, fixez-les à l'emmanchure, endroit contre endroit, par un point arrière, en soutenant la tête de manche.

→

→

COUTURE SUR LISIÈRE POUR DEUX PARTIES TRICOTÉES EN SENS CONTRAIRE

Pour coudre une manche et un devant par exemple, il faut piquer l'aiguille dans les mailles de la manche et entre deux mailles du bord du devant, en passant sous le fil horizontal qui sépare les rangs.

CONSEIL

Avant de commencer le montage, comptez le nombre de mailles et le nombre de rangs que vous avez à assembler, par exemple pour 5 cm, et tenez-en compte pour coudre les morceaux.

COUTURE INVISIBLE MAILLE DANS MAILLE

Les coutures des côtés devront être cousues maille à maille pour être rendues invisibles.
Cette couture se fait sur l'endroit du tricot en plaçant côte à côte les deux pièces à assembler. Utilisez un fil d'une couleur identique à celle du tricot et une aiguille à laine à bout rond.

Piquez l'aiguille à une maille du bord en la passant sous le fil d'un rang du morceau de droite, puis passez-la sous le fil du rang correspondant du morceau de gauche. Continuez ainsi de passer le fil, sans trop le tirer, pendant 2 à 3 cm, puis tirez-le doucement pour fermer la couture, qui devient alors invisible.

COUDRE LES BOUTONS

REMARQUE

Il faut veiller à ce que tous les boutons soient cousus par des points horizontaux s'ils présentent deux trous, et par des points verticaux s'ils comportent quatre trous.

Les boutons doivent être cousus avec le même fil que le tricot ; si celui-ci est trop gros, dédoublez-le ou prenez un fil à coudre de la couleur la plus proche possible.
Utilisez une aiguille à laine assez fine pour qu'elle puisse passer aisément dans les trous du bouton. Passez une ou deux fois le fil dans les trous du bouton et à travers les mailles du tricot, en gardant un peu d'aisance. Enroulez ensuite le fil deux ou trois fois sous le bouton autour des fils tendus, puis fixez-le sur l'envers et coupez-le.

LE GRAFTING, OU ASSEMBLAGE HORIZONTAL INVISIBLE

Grafting est un terme anglais qui s'emploie lorsqu'il s'agit de réunir deux morceaux de tricot en donnant l'aspect d'un tricot en continu, dont les mailles n'auraient jamais été séparées. Cette technique est souvent employée pour assembler les mailles des épaules ; elle est idéale pour terminer des pointes de mitaines ou de chaussettes, car le résultat offre l'avantage d'un plus grand confort, les mailles étant assemblées, ou « graftées », de manière invisible et sans couture.

Si l'on opère sans aiguille, il est nécessaire de « bloquer » les mailles en les repassant à l'aide d'une pattemouille, en veillant à ce qu'elles ne filent pas. Toutefois, pour un fil très glissant, il est préférable de placer les mailles sur une aiguille.

1. Placez les deux parties à plat en vis-à-vis, l'une au-dessus de l'autre. Utilisez une aiguille à laine à bout rond et prévoyez une longueur de fil quatre fois supérieure à la largeur des morceaux à assembler. Travaillez de droite à gauche.

2. Piquez l'aiguille dans la première maille du morceau du bas, de l'envers sur l'endroit, puis dans la première maille de celui du haut de l'endroit sur l'envers, et dans la maille suivante de l'envers sur l'endroit. Repiquez ensuite l'aiguille dans la première maille du bas, de l'endroit sur l'envers et dans la maille suivante de l'envers sur l'endroit. Repiquez le fil dans la deuxième maille du morceau du haut de l'endroit sur l'envers, puis dans la troisième maille, de l'envers sur l'endroit. Continuez ainsi jusqu'à l'assemblage complet et invisible des deux morceaux. Égalisez si nécessaire la tension du fil, maille par maille, en commençant par le début.

CONSEIL

Un dernier repassage sur les coutures, les encolures, les emmanchures, les bordures et les éventuelles poches donnera la touche finale au tricot.

REMARQUE

Les coutures d'épaule peuvent être assemblées par grafting quand il s'agit d'un tricot d'enfant ou d'un tricot avec ligne d'épaule horizontale. Le grafting permet également d'insérer un panneau, de manière invisible, pour rattraper une erreur.

Conseils pratiques et entretien

Prendre soin du tricot que l'on a créé va de soi. On choisira de préférence de le laver à la main plutôt qu'à la machine, bien qu'aujourd'hui les fils proposés offrent de bonnes garanties à condition de respecter les procédures indiquées par le fabricant. Une fois sec, le tricot sera repassé légèrement à la vapeur et plié pour être rangé. S'il est rangé pour plusieurs semaines ou plusieurs mois, il devra être protégé contre d'éventuelles ennemies volantes, dévoreuses de laine...

RÉCUPÉRER UNE LAINE DÉTRICOTÉE

Détricotez l'ouvrage en formant en même temps des petits écheveaux. Laissez ces derniers tremper un peu dans une bassine d'eau pour que le fil se défrise, puis essorez-les. Suspendez les écheveaux en y accrochant un poids de manière à bien étirer la laine. Une fois qu'ils seront secs, vous pourrez, si nécessaire, passer les écheveaux au fer à vapeur.

LAVER À LA MAIN

Pour laver à la main, employez un savon pour tissus délicats ou un shampoing pour bébés.

Diluez le savon dans de l'eau à peine tiède. Plongez-y le tricot et pressez-le sans le tordre (insistez légèrement sur les parties salies).

Rincez plusieurs fois dans de l'eau à la même température, en ajoutant un peu d'assouplissant dans l'eau du dernier rinçage.

LAVER À LA MACHINE

Pour le lavage en machine, vérifiez que celle-ci comporte bien un programme laine et tissus délicats, et suivez attentivement les conseils donnés sur l'étiquette.

Un lavage à la main, toutefois plus sécurisant, évite souvent des catastrophes.

LE SÉCHAGE

CONSEIL

Une goutte de vinaigre dans la dernière eau de rinçage ravivera les couleurs. Une fois sec et repassé bien à plat, le tricot doit être rangé dans une armoire garnie d'un peu d'antimite (naphtaline), ce qui vous garantira une conservation sans problème.

Pour le séchage, pressez le tricot sans le tordre pour éliminer un maximum d'eau, et placez-le bien à plat sur une serviette éponge. Recouvrez-le d'une seconde serviette, enroulez le tout et pressez à nouveau, puis déroulez et étalez le tricot sur une serviette sèche, en vérifiant qu'il est bien à plat.

Faites sécher à l'ombre, jamais au soleil (attention, le feutrage est inévitable dans ce cas), loin d'une source de chaleur et toujours à plat.

LE REPASSAGE

Avant le repassage, vérifiez sur les bandes des pelotes que les fils supportent la chaleur et la vapeur.

Le repassage est l'étape qui précède le montage et l'assemblage des différentes parties du tricot. Il se fera à l'aide d'un fer à vapeur — ce qui est la solution la plus pratique —, ou bien à l'aide d'une pattemouille lorsqu'on ne dispose pas de fer à vapeur. Le repassage s'effectue sur l'envers du tricot. On emploiera au préalable des épingles pour fixer les contours, en modifiant plus ou moins la tension pour obtenir exactement la dimension voulue.

Un dernier coup de fer après le montage aplatira les coutures et donnera la touche finale au vêtement, que l'on aura eu à cœur de choyer jusqu'au bout.

REMARQUE

La pattemouille est constituée d'un molleton de laine ou d'une toile en coton, que l'on mouille et que l'on pose sur les vêtements en laine avant de repasser soigneusement ces derniers.

6
ANNEXES

Index des points et des techniques

C

D

Diminution simple sur l'endroit, inclinée à gauche
p. 38

Diminution simple sur l'envers
p. 40

Point de drapeaux
p. 78

E

Emmanchure au carré
p. 169

Emmanchure classique
p. 168

Emmanchure raglan
p. 168

Encolure à bord franc
p. 161

Encolure en pointe
p. 164

Encolure ronde à bord côtes
p. 162

Encolure ronde col polo
p. 163

Encolure ronde col roulé
p. 162

Entrelacs
p. 136

F

G

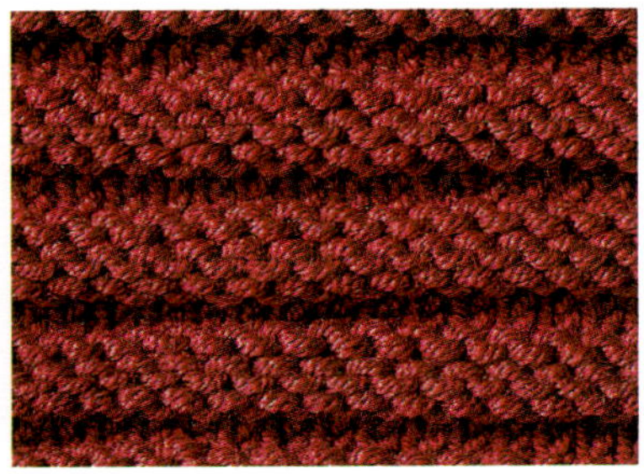

I

J

L

Ourlet cousu
p. 181

Ourlet tricoté
p. 183

P

Poches appliquées
p. 170

Poches fendues à l'horizontale
à bord franc
p. 171

Poches fendues à l'horizontale avec
bordure côtelée relevée
p. 172

Poches fendues à la verticale avec une
bordure de mailles relevées
p. 173

Pompons
p. 184

R

Rang de cassure
p. 181

Rayons de miel
p. 112

Rayures
p. 128

Point de riz
p. 72

S

Semis ajouré
p. 147

Surjet
p. 46

Terminaison à l'anglaise
p. 48

Terminaison à la belge sur jersey endroit
p. 49

Terminaison à la belge sur point mousse
p. 49

Terminaison à la française
p. 47

Torsade cordée
p. 101

Torsades croisées sur base de côtes 2/2
p. 103

Torsade double
p. 102

Torsade nattée
p. 102

Torsades sur fond de point de riz
p. 103

Torsade simple
p. 100

Torsade simple sur un fond de jersey envers
p. 100

Grille vierge pour composer vos motifs jacquards et fantaisie

Table des modèles

Les babouches et le plaid pour bébé

Le bonnet et les chaussons en angora avec pompons

Le pull enfant aux points mousse et jersey

La tunique corail
p. 66

Le pull en kid mohair à dents de chat
p. 69

Les deux bonnets et le béret
p. 79

La veste enfant tricolore
p. 82

Le pull enfant à torsades

Le pull à ondes en laine rustique

Le pull marin pour homme

Les poignets manchons « dandy »

Les écharpes

Le blouson enfant avec deux poches verticales
p. 165

Le pull enfant à poches horizontales
p. 175

Le pull femme avec col cheminée et poche appliquée
p. 178

Les tours de cou aux quatre pompons
p. 188

Table des matières

Adresses

Mmes Dechet & Boucheron
35, rue de la Flèche
03000 Moulins
04 70 44 13 82

Ludany
62, avenue
de la République
03100 Montluçon
04 70 28 12 26

Chapellerie Mercerie
André
37, Grande-Rue
03800 Gannat
04 70 90 28 67

La Pelote d'or
28, bd de la Plaine
04100 Manosque
04 92 72 30 84

Boutique lainière
3, place du Bon-Vent
04200 Peipin
04 92 62 41 04

De fil en aiguilles
25, rue Berluc-Perrussis
04300 Forcalquier
04 92 75 29 65

La Boutique
38, rue de la République
05120 Argentière-la-Bessée
04 92 23 12 08

La Boîte à idées
50, rue de la Liberté
05200 Embrun
04 92 43 41 42

Anny Blatt-Bouton d'Or
12, rue du Maréchal-Joffre
06000 Nice
04 93 87 53 78

Paulaine
22, avenue Borriglione
06100 Nice
04 93 84 53 66

Mercerie, Mme Arnold
8, rue Auguste-Gal
06300 Nice
04 93 56 98 55

Point mousse
55, bd Carnot
06400 Cannes
04 93 38 38 53

Eurl Pull
Rue Chabaud
06400 Cannes
04 93 39 01 11

Mme Folco
38, avenue de Boutiny
06530 Peymeinade
04 93 66 21 32

Aiguilles d'or L'Oasis
35, bd Wilson
06600 Antibes
04 93 67 28 67

Mandarine
9, rue Charles-de-Gaulle
07100 Boulieu-les-Annonay
04 75 69 70 97

Pénélope
32, rue Delcassé
09000 Foix
05 61 65 06 64

Mercerie,
Mme Domergue
4, rue Béteille
12000 Rodez
05 65 68 61 19

Mme Catusse
Place de l'Olmet
12000 Rodez
05 65 68 20 76

Mme Barrocas
9, place du Marché
12130 Saint-Geniez-d'Olt
05 65 47 54 30

Anny Blatt-Bouton d'Or
2, rue Moustier
13001 Marseille
04 91 54 41 04

Lili Laine
30, rue Marx-Dormoy
13004 Marseille
04 91 49 39 89

De fil en aiguilles
48, rue des Trois-Mages
13006 Marseille
04 91 47 37 94

Bouton d'Or
22, rue des Halles
13150 Tarascon
04 90 91 39 75

Le Fallen (Laines)
Avenue Joseph-Fallen
13400 Aubagne
04 42 03 94 93

Jenny
3, rue Vendôme
13500 Martigues
04 42 43 11 03

Topoline
Rue Principale
13540 Puyricard
04 42 92 18 99

Mercerie Au fuseau d'or
29, rue Gueymard
13600 La Ciotat
04 42 08 57 22

La Maison du bouton
Passage Démogé R. Bernière
14000 Caen
02 31 86 11 07

Mercerie Pénélope
66, rue de la Mer
14150 Ouistreham
02 31 97 18 81

Mme Olivier Vanessa
27, rue Grande
14290 Orbec
02 31 32 82 41

Mme Perez
13, place Hôtel-de-Ville
15000 Aurillac
04 71 48 53 10

Mme Zot
30, rue Gambetta
17200 Royan
05 46 39 20 25

La Maison du bouton
3, avenue de
Peterborough
18000 Bourges
02 48 24 24 97

Maguy-Laines
19, rue Toulzac
19100 Brive
05 55 24 07 87

La Boîte universelle
14, rue Henri-Chapoulie
19300 Égletons
05 55 93 62 46

Tykreiz
18, place de la Mairie
22310 Plestin-les-Grèves
02 96 54 17 51

Bazar Parisien
8, bd Duponchel
22380 Saint-Cast
02 96 41 82 50

Au plaisir des dames
5, place de l'Église
22600 Loudéac
02 96 28 32 43

Au plaisir de la laine
1, rue Martin-Nadaud
23600 Boussac
05 55 65 06 91

Veyro Laine Boutique
6, rue de la Halle
24400 Mussidan
05 53 81 00 74

Planète laine
32, rue de Dole
25000 Besançon
03 81 83 14 39

Boutique M&C
32, rue de la République
25300 Pontarlier
03 81 39 54 81

La Tricotine
106, rue Pierre-Julien
26200 Montélimar
04 75 51 13 44

Boutique Anaé
17, rue de la Poêle-Percée
28000 Chartres
02 37 21 47 19

Mme Fabre
28, rue du Chapeau-Rouge
29000 Quimper

De fil en aiguille
Galerie des Arcades
29120 Pont-L'abbé
02 98 87 19 10

Coton d'Ingres
7, rue de l'Église
29150 Châteaulin
02 98 86 23 90

Georgette Laine
2, rue Duquesne
29200 Brest
02 98 44 56 85

Fil et Cadre
5, rue de la Victoire
29510 Briec-de-l'Odet
02 98 57 95 10

Crysalid
18, rue d'Aiguillon
29600 Morlaix
02 98 88 59 81

Mme Vallet
10, rue de la Madeleine
30000 Nîmes
04 66 67 07 97

Intervalle
4 *bis*, rue Docteur-Serre
30100 Ales

Laines
3, rue de l'Horloge
30120 Le Vigan
04 67 81 18 35

Mme Valmalle
22, rue Marx-Dormoy
30250 Sommières
04 66 80 38 26

Laines
14, bd du Portalet
30500 Saint-Ambroix
04 66 24 12 72

La Quenouille
32, rue de Metz
31000 Toulouse
05 61 52 83 11

Mmes Jourdain
4, rue Kennedy
31000 Toulouse
05 61 21 39 13

Le Salon des Laines
Rue de la République
31290 Villefranche-de-Lauragais
05 61 81 52 18

Le Sabot des Laines
10, avenue d'Occitanie
31520 Ramonville
05 61 73 14 38

À l'Edelweiss
5, rue de Rohan
32300 Mirmande
05 62 66 63 59

Toison d'Or
25, place Pey-Berland
33000 Bordeaux
05 56 52 98 48

Anny Blatt-Bouton d'Or
58, cours G. Clemenceau
33000 Bordeaux
05 56 52 21 67

Can'elle
49, rue du Tondu
33000 Bordeaux
05 56 96 51 38

Laines Mistou
204, rue Sainte-Catherine
33000 Bordeaux
05 56 92 97 29

Gil et Puce
4, rue Judaïque
33000 Bordeaux
05 56 52 46 50

Soyeuse Boutique
18, rue Raymond-Vallet
33290 Blanquefort
05 56 35 16 88

Aux 2 A
C. cial Mancaillou
Avenue l'Agra
33450 Saint-Sulpice-Cameyrac
05 56 30 85 11

Amilaine La Boîte à ouvrage
11, place Allende
33850 Léognan
05 56 64 04 19

Anne Ouvrages
28, rue Paul-Brousse
34000 Montpellier
04 67 92 50 92

Mme Souyris
38, rue Mairan
34500 Béziers
04 67 28 75 41

Point Mousse
2, rue Poullain-du-Parc
35000 Rennes
02 99 79 53 77

Mme Liut
86, rue Grande-Piétonne
36000 Châteauroux
02 54 27 13 87

M. et Mme Guelou
7, place de la Résistance
37000 Tours
02 47 05 72 23

Anny Blatt-Bouton d'Or
21, rue de la Poste
38000 Grenoble
04 76 43 87 57

Weljack
2, rue Saint-Jacques
38000 Grenoble
04 76 63 14 84

Marilène
16, rue Duchamp
38110 Saint-Clair-de-la-Tour
04 74 97 57 22

Au bébé rose
144, rue de la République
39400 Morez
03 84 33 14 78

Orlaine
19, rue des Fusillés
40100 Dax
05 58 74 81 28

Espace Couture
17, rue Saint-Jacques
43000 Le Puy-En-Velay
04 71 05 70 24

Boutica Laines
10, rue du 4-Septembre
43100 Brioude
04 71 50 04 87

Anny Blatt-Bouton d'Or
1, rue Mercœur
44000 Nantes
02 40 48 57 24

Les Trésors d'Émi
10, rue République
44130 Blain
02 40 51 79 09

Le Fil d'Ariane
149, avenue du Général-de-Gaulle
44380 Pornichet
02 40 11 67 49

Laines
Place du Marché
44500 La Baule
02 40 60 48 50

Mylène
4, avenue du Couchant
44700 Orvault
02 40 63 03 26

Mme Parisot
14, rue Bannier
45000 Orléans
02 38 53 40 59

Curtilaine
29, place Armand-Chesneau
45320 Courtenay
02 38 97 03 71

Art Laine
60, rue Joffre
46000 Cahors
05 65 22 13 19

Agnès P
29, rue Émile-Santini
47000 Agen
05 53 66 81 41

La Boutique du tricot
5, cours de l'Yser
47400 Tonneins
05 53 79 01 52

Mme Massot
2, rue Cendrières
49400 Saumur
02 41 51 36 54

Mercerie des Chatillons
Place des Argonautes
51000 Reims
03 26 06 00 66

Pénélope
5, rue Victor-Mariotte
52000 Chaumont
03 25 03 30 59

Vianelle Création
78, rue Saint-Dizier
54000 Nancy
03 83 35 39 25

Idéfil
1, rue Saint-Nicolas
56000 Vannes
02 97 47 16 21

Tissus Duret
15, rue des Fontaines
56100 Lorient
02 97 64 28 48

Les Chemins Buissonniers
56370 Sarzeau
02 97 48 08 30

Au caprice
20, rue Ancien-Hôpital
57100 Thionville
03 82 53 84 28

Anny Blatt-Bouton d'Or
53-55, rue de Paris
59000 Lille
03 20 15 03 35

Laines
57, rue République
60100 Creil
03 44 25 37 61

Au Vieux Rouet
27, rue Pasteur
60800 Crépy-en-Vallois
03 44 87 18 50

Au Cygne
23, rue du Port
63000 Clermont-Ferrand
04 73 91 56 07

Mme Blanchet
5, rue des Ramacles
63170 Aubière
04 73 28 32 06

Arcanes
24, rue Ponteil
63500 Issoire
04 73 89 41 89

Anny Blatt-Bouton d'Or
6, rue Samonzet
64000 Pau
05 59 27 20 52

La Tricoterie
2, rue Renaud-Elissagaray
64500 Saint-Jean-de-Luz
05 59 26 33 30

anny blatt

Bouton d'Or
le fil à créer

Depuis les années 1920,
les marques **anny blatt** & **Bouton d'Or**
sont spécialisées dans la maille.
Elles ont toujours utilisé des matières nobles
pour des produits haut de gamme.
Aujourd'hui,
anny blatt & **Bouton d'Or**
créent environ 300 modèles par an,
en harmonie avec la mode et pour tous les âges.
Nos produits maille et fils à tricoter
sont diffusés par un réseau de détaillants
très spécialisés et présents
aussi bien en France qu'à travers le monde.
Toute nos félicitations à Luce Smits pour la
création et la réalisation de ce livre, *Tricot,
techniques & modèles*. Nous sommes
persuadés qu'il permettra à une tricoteuse
néophyte de s'adapter très rapidement.

Nous la remercions pour la confiance
qu'elle a portée à nos produits.

Sabine Dubois, chef de produit,
et toute l'équipe
anny blatt & **Bouton d'Or**

Coccilaine
26, place Marché-Brauhauban
65000 Tarbes
05 62 51 06 38

Tourni Coton
Galerie La Lorraine
65000 Tarbes
05 62 34 34 13

Maya Boutique
18, bd Clemenceau
66000 Perpignan
04 68 35 02 48

La Boîte à couture
65, route Nationale
66200 Elne
04 68 22 53 95

Chryslaine
92, rue de la Wantzeneau
67000 Strasbourg
03 88 31 63 42

Caro'Laine
Rue Dachstein
67120 Molsheim
03 88 38 60 97

Mme Haemmerlin
84, Grand-Rue
67700 Saverne
03 88 91 31 00

Anny Blatt-Bouton d'Or
23, rue Paul-Chenavard
69001 Lyon
04 78 28 61 51

Odylaine
73, cours de la Liberté
69003 Lyon
04 78 60 84 17

Tassin Mercerie
50, avenue de la République
69160 Tassin-la-Demi-Lune
04 78 34 61 69

Mme Picard
87, rue Victor-Hugo
69400 Villefranche-sur-Saône
04 74 68 17 91

Fait Main
13, rue Jules-Jeanneney
70300 Luxeuil-Les-Bains
03 84 40 59 72

Tricot Folie
58, Grande-Rue
71500 Louhans
03 85 75 12 13

La Mercerie 61
61, rue d'Italie
73000 Annecy
04 79 33 29 12

Mercerie Catherine B
6, rue du Lac
74000 Annecy
04 50 51 17 61

La Jonquille
12, rue du Faucigny
74100 Annemasse
04 50 92 16 26

Anny Blatt-Bouton d'Or
24, rue des Granges
74200 Thonon-les-Bains
04 50 26 22 40

Les Petites Folies
Galerie de la Dent Blanche
74340 Samoëns
04 50 89 32 98

Pelote
40, rue des Francs-Bourgeois
75003 Paris
01 42 78 65 65

U.P. Boutique
14, rue Clerc
75007 Paris
01 47 05 29 16

Mode et Travaux
10, rue de la Pépinière
75008 Paris
01 43 87 37 39

Wool Story Boutique
1, rue Lallier
75009 Paris
01 48 78 99 70

Noémie
43, rue Bezout
75014 Paris
01 43 22 96 45

Chat'maille
2, rue Cazotte
75018 Paris
01 42 54 51 09

Le Bon Marché
Rue du Bac-rue de Sèvre
75007 Paris
01 44 39 80 79

Anny Laine
41, rue du Bac
76000 Rouen
02 35 98 60 05

Marie Morgane
76, rue du Pdt Wilson
76600 Le Havre
02 35 43 15 88

ABC Laines
1, rue Rosa-Bonheur
77000 Melun
01 60 63 60 95

Amélie
16, rue du Cdt Berg
77100 Meaux
01 64 33 55 99

Atelier d'Isabelle
22, rue de l'Église
77170 Brie-Comte-Robert
01 60 34 15 04

Création Mercerie
5, rue de Poissy
78100 Saint-Germain-en-Laye
01 30 61 74 49

Nelly Couture
18, rue Pottier
78150 Le Chesnay
01 39 54 27 00

Mary Laine
29, avenue Duchesne
78170 La-Celle-Saint-Cloud
01 39 69 77 16

Point mousse
12, place Saint-Maclou
78200 Mantes-la-Jolie
01 30 33 25 88

Col'laine
12, avenue Maurice-Jouet
78340 Les-Clayes-sous-Bois
01 30 56 30 98

De fil en aiguilles
3, avenue d'Aligre
78400 Chatou
01 30 71 02 33

Penylaine
33, Grande-Rue
78550 Houdan
01 30 59 65 34

Club de la Laine
Cb Diffusion
78760 Pontchartrain
01 34 89 98 76

Petits Points & Dessous
14, rue de la Huchette
79300 Bressuire
05 49 65 25 13

La Tricoterie
5, rue de Noyon
80000 Amiens
03 22 92 23 32

Arlène
2, rue d'Auriol
82000 Montauban
05 63 63 25 25

La Boutonnerie
30, rue Boetmann
83700 Saint-Raphaël
04 94 95 11 09

Moderne Mercerie
Im. la Salamandre
83980 Le Lavandou
04 94 64 84 52

Anny Blatt
8, rue de la Concorde
84100 Orange
04 90 11 80 88

Fil d'Or
6, rue Colbert
84120 Pertuis
04 90 79 01 39

Aux Doigts de Fée
3, rue de la République
84480 Bonnieux
04 90 75 86 85

Mme Texier
12, rue Jean-Jaurès
85000 La Roche-sur-lYon
02 51 62 42 13

Mme Châtaigner
Place Aristide-Briand
85300 Challans
02 51 68 00 88

Autrement Laines Création
Passage Carnot
85300 Challans
02 51 98 64 21

Mme Nourry
4, rue Magenta
86000 Poitiers
05 49 52 59 22

Ladylaine
47 *bis*, avenue Gambetta
89300 Joigny
03 86 62 21 21

Mme Guidal
18, rue Saint-Spire
91100 Corbeil-Essonnes
01 64 96 13 10

Juvisy « O »
3, avenue Estienne-d'Orve
91260 Juvisy
01 69 21 99 06

Mme Turello
96, Grande-Rue
91290 Arpajon
01 64 90 97 20

Anatis
3-5, rue Or-Lauriat
91400 Orsay
01 69 07 15 15

Un dé du fil et des idées
9, rue de Paris
91570 Bièvres
01 69 41 25 00

La Boutique
C. cial Port Sud
91650 Breuillet
01 64 58 44 51

Galerie de Neuilly
50 *bis*, avenue Charles-de-Gaulle
92200 Neuilly-sur-Seine
01 46 24 35 61

Au chaton
30, rue Estienne-d'Orves
92270 Bois-Colombes
01 47 82 15 22

Laines en vogues
36, rue Gabriel-Péri
92300 Levallois-Perret
01 47 57 58 64

Mme Petit
50 *bis*, avenue Charles-de-Gaulle
92600 Asnières
01 47 93 65 28

Laines Mercerie
166, rue Jean-Jaurès
92800 Puteaux
01 47 72 79 96

Fashion Diffusion
95, avenue de la Résistance
93340 Le Raincy
01 43 02 22 27

Laines Anny Blatt
149, avenue Charles-de-Gaulle
94000 Nogent-sur-Marne
01 48 72 46 22

Captain Maille
15, rue des Remises
94100 Saint-Maur-des-Fossés
01 48 83 68 32

Pique et Coud
12, rue Baratte-Cholet
94100 Saint-Maur-des-Fossés
01 48 83 17 51

Au point d'Astrakan
11, passage Foch
95880 Enghien-les-Bains
01 34 12 28 28

Remerciements

J'aurai tout d'abord une pensée pour ma mère et ma grand-mère maternelle, qui m'ont, toute jeune, appris le tricot, les jeux de cartes, l'écriture, la géographie, sans jamais me lasser, me contraindre, m'agacer : elles m'ont ouvert les yeux et l'esprit sur des mondes insoupçonnés.

Je remercie les Éditions Solar, Suyapa et Aurélie ; je remercie Sabine Dubois, la société Pierre de Loye pour les fils Anny Blatt et Bouton d'Or.

J'ai une pensée profonde pour Jean-Charles Vaillant, avec qui j'ai eu un immense plaisir à travailler : notre collaboration a été pour moi très positive ; son œil, sa perception des choses et sa critique m'ont été indispensables, et les séances de travail pour les prises de vue resteront un grand souvenir.

Merci à Bernard, mon mari, qui m'a beaucoup aidée dans l'élaboration de ce livre.

Merci à mesdames Aubert, Lagasse, Dullens, Dufresnes, Musset, Whyte et Beneston, sans qui les modèles n'auraient pas été réalisés à temps, et qui m'ont soutenu dans des moments de doute.

Une pensée enfin pour mes chères filles, Anne et Sybille, que je remercie pour leur écoute et leur patience à mon égard.

Luce Smits

[illegible]
marins et l'océan, le phare et la vie. Tweed et chevrons, malt et pain gris. L'arbre de vie, les mitaines et les chaussettes et le petit talon. Les lamas et l'alpaga, les lapins et l'angora et Philippe le forestier. Le lin, les Flandres et la mer. Toujours augmenter, toujours diminuer, toujours répéter. Les écharpes pour l'automne, les pulls pour l'hiver, le coton pour la plage. Et les livres à l'infini.

Dans la même collection :

La couture

La broderie

Si vous souhaitez recevoir notre catalogue
et être tenu au courant de nos publications,
envoyez-nous vos nom et adresse en citant ce livre et
en précisant les domaines qui vous intéressent.

SOLAR - 12, avenue d'Italie, 75013 Paris
Site Internet : www.solar.tm.fr

Direction : Suyapa Granda Bonilla

Création graphique : Guylaine Moi

Réalisation : G&C Moi

Édition : Chloé Chauveau

Secrétaire d'édition : Aurélie Baudrier

Consultation technique : Véronique Linard

Photogravure : Point 4, Paris

ISBN : 2-263-03329-7
Code éditeur : S03329/03
1re édition, suite du 1er tirage
Dépôt légal : mars 2004
Imprimé et relié par Canale à Turin, Italie